U0454652

意识＋责任＋标准化

徐矿集团三位一体安全管理体系创新实践

冯兴振　李剑锋　刘　蕾　编著

中国矿业大学出版社

·徐州·

图书在版编目（ＣＩＰ）数据

意识＋责任＋标准化 ：徐矿集团三位一体安全管理体
系创新实践 / 冯兴振，李剑锋，刘蕾编著. —徐州 ：
中国矿业大学出版社，2024.4
ISBN 978 - 7 - 5646 - 6195 - 3

Ⅰ．①意… Ⅱ．①冯…②李…③刘… Ⅲ．①矿业—
企业集团—安全管理体系—研究—徐州 Ⅳ．①F426.1

中国国家版本馆 CIP 数据核字(2024)第 062319 号

书　　名	意识＋责任＋标准化:徐矿集团三位一体安全管理体系创新实践	
编　　著	冯兴振　李剑锋　刘　蕾	
责任编辑	史凤萍	
出版发行	中国矿业大学出版社有限责任公司	
	（江苏省徐州市解放南路　邮编221008）	
营销热线	(0516)83885370　83884103	
出版服务	(0516)83995789　83884920	
网　　址	http://www.cumtp.com　E-mail:cumtpvip@cumtp.com	
印　　刷	徐州中矿大印发科技有限公司	
开　　本	787 mm×1092 mm　1/16　印张 11.5　字数 225 千字	
版次印次	2024 年 4 月第 1 版　2024 年 4 月第 1 次印刷	
定　　价	68.00 元	

（图书出现印装质量问题,本社负责调换）

本书编委会

主　　　任：冯兴振

副　主　任：石炳华

编委会成员：于　洋　　陈清华　　钱亮星　　陈　宁

李剑锋　　陈伟东　　张　雷　　李大怀

李维刚

编写组成员：（按姓氏笔画排序）

丁亚东　　王红亮　　王尊阳　　王蔷馨

冯兴振　　华　虎　　刘　蕾　　刘艳芹

孙琳琳　　苏　昕　　李　静　　李剑锋

杨晓东　　张矛矛　　陈　静　　范全球

郑雅馨　　赵成杰　　赵晓博　　郝　文

徐苏兰　　陶明房

序 一

习近平总书记高度重视安全生产工作,鲜明提出坚持人民至上、生命至上"两个至上",统筹发展和安全"两件大事",强化从根本上消除事故隐患、从根本上解决问题"两个根本"等一系列新理念新论断。这些新理念新论断蕴含着丰富深刻的辩证思维、系统观念和科学方法,深刻揭示了安全生产的极端重要性,系统科学回答了如何认识安全生产、如何做好安全生产等重大理论和现实问题,为我们做好新时代安全生产工作提供了根本遵循和行动指南。

能源行业是安全生产重要领域。徐州矿务集团有限公司(简称"徐矿集团")是具有142年历史的百年企业,是中国民族工业的启蒙,是中国历史上第二座煤矿、第一批股份制企业,是江苏省政府授权的国有资产投资主体、特大型能源资源集团,位列中国企业500强、能源企业全球竞争力500强、煤炭企业全球综合竞争力30强榜单。2017年以来,徐矿集团深入学习贯彻习近平总书记关于安全生产重要论述精神,树立"职工至上、生命至上、安全至上"的安全发展理念,着力提升全员安全管理政治、思想、行动"三种意识",将"安全第一"理念内化于心,自觉树牢安全红线意识和底线思维,提升做好安全工作极端重要性认识境界,有力保障职工生命健康安全;着力压实安全管理分级、全员、考核"三个责任",将"安全第一"理念外化于行,实现企业自主、部门自控、区队自理、班组自治、岗位自律,有效保证了安全责任层层落实到位;着力健全安全管理体系、操作、素质提升"三大标准",将"安全第一"理念固化于制,致力实现工作标准化、管理精细化、环境文明化、行为规范化、现场本安化,确保各产业、各系统、各流程、各岗位安全可控、本质安全,以系统化思维创新构建了符合时代要求、凸显行业特征、具有徐矿特色的"意识＋责任＋标准化"安全管理体系,使其成为推动企业安全生产的行动指南。7年来,徐矿集团下辖煤矿建成国家一级标准化矿井,获煤炭工业特级安全高效矿井、国家级绿色矿山等荣誉,"'意识＋责任＋标准化'安全管理模式"获评全国煤炭行业标杆模式;国家矿山安监局相关领导在对徐矿集团安全督查时给予高度评价,认为徐矿集团"安全管理有理念、安全管控有经验、基础管理有细节、矿井文化有底蕴、安全成果有实效"。

积力之所举,则无不胜也;众智之所为,则无不成也! 安全生产是民生大事,事关人民福祉,事关经济社会发展大局。徐矿集团以习近平总书记关于安全生产重要论述为指引,基于安全生产行业背景和辩证思考,创新提出安全管理生态系统理论,从宏观、中观、微观视角深度剖析安全管理,总结凝练独具徐矿集团特色的"意识＋责任＋标准化"安全生产管理体系构建过程,以实践案例详解提升"三种意识"、压实"三个责任"、健全"三大标准"的主要做法,并汇总了集团下属四家基层单位的典型案例,旨在通过徐矿集团安全生产管理探索实践共享的方式,为能源行业特别是煤炭行业提供可资借鉴的范例。希望本书的出版,能够为健全安全生产体系、提升安全治理现代化水平、推进煤炭行业安全高质量发展作出新的贡献。

中国煤炭工业协会会长:

2024 年 3 月 28 日

序　二

　　党的二十大报告提出：必须坚定不移贯彻总体国家安全观，把维护国家安全贯穿党和国家工作各方面全过程，确保国家安全和社会稳定。作为工业的粮食、国民经济的命脉，能源是攸关国计民生的大事。能源安全是国家安全的基石，切实保障国家能源供应的稳定性、安全性和可持续性关系国家经济社会的发展，对确保整个国家的繁荣发展、人民生活水平的改善、整个社会的长治久安具有至关重要的作用。能源企业是能源供应的主体，能源企业的安全是能源安全的重要组成部分，管理好能源企业安全、防止安全事故发生、保证能源安全生产顺利进行是深入贯彻落实总体国家安全观的必要要求，也是当代中国社会科学研究的重要课题。

　　徐矿集团是江苏省属唯一国有特大型能源企业、华东地区重要的煤炭生产基地，位居全国煤炭企业50强第16位。新时代以来，徐矿集团立足能源行业，主动服务国家战略和"强富美高"新江苏现代化建设，通过扎实推进国企改革深化提升行动，持续提高核心竞争力，不断增强核心功能，推动企业高质量发展。与此同时，徐矿集团深入学习习近平总书记关于安全生产重要论述和重要指示精神，坚决贯彻全省安全生产工作会议决策部署，牢固树立安全发展理念，着力抓好安全工作，安全费用投入资本化率达50％以上，统筹推进高质量发展和高水平安全，以高质量发展和高水平安全良性互动为目标，以高质量发展促进高水平安全，以高水平安全保障高质量发展，使高质量发展和高水平安全动态平衡、相得益彰。2023 年,徐矿集团实现利润 28.8 亿元,上缴税费 30.12 亿元,再创历史新高,不仅连续三年获评省属企业高质量发展综合考核第一等次,稳居"第一方阵",而且实现了安全生产,在高质量发展和高水平安全方面均成绩卓著。

"不积跬步,无以至千里",只有脚踏实地、敦本务实、一步一个脚印地埋头苦干,事业才能取得成功。徐矿集团在安全生产方面的成功也是如此,它并非是凭空产生、一蹴而就的,而是来源于集团党委长期以来对安全工作的高度重视,来源于科学的顶层设计,来源于有效的管理体系,来源于时时、事事、处处抓安全的笃行实干。

《意识＋责任＋标准化:徐矿集团三位一体安全管理体系创新实践》便是徐矿集团安全管理成功经验的理论总结与升华。编写组以习近平总书记关于国家安全的系列讲话为指引,紧扣时代动态,积极回应党和国家对能源企业安全的关切,结合徐矿集团实际案例,系统化、模块化、立体化地呈现企业安全管理体系创新,以期推动我国能源企业安全管理的理论与实践创新,为我国能源企业发展、行业借鉴以及我国国家安全体系和能力建设提供精神动力与支持。总体而言,本书呈现出以下四个特色与亮点:

一是学术理论方面。本书结合"苏格拉底灵魂三问",创新性地将生态系统理论导入安全管理工作,从宏观系统、中观系统和微观系统三个层面,构建起"意识＋责任＋标准化"的"三位一体"安全管理探索实践体系的理论溯源。将"意识"作为思维抽取的普遍性规定是体系的宏观系统,回应"我是谁"的自我认知和风险识别,引导个体敏感于与自己身份、价值观、目标相关的潜在风险,更全面、系统地识别和管理各种风险,做出明智的决策。将"责任"作为价值观和制度设计的衔接是体系的中观系统,回应"我从哪里来"的文化溯源和风险评估,引导个体深入剖析自己的起源和文化背景,对管理系统综合文化因素与其他因素进行风险评估,进而明确安全管理责任。将"标准化"作为顶天立地的统一指向是体系的微观系统,回应"我到哪里去"

的目标导向和决策标准,帮助系统更好地管理潜在的风险,确立一致的最佳实践和规则,为安全管理工作提供指导和框架,并在持续改进过程中建立信任感、可靠感、合规性。这就揭示了安全生产的内在规律,提升了安全管理理论研究的逻辑性和严密性,具有很高的学术价值。

二是结构框架方面。该书的结构框架清晰、科学、严谨。从整体来看,遵循"重要论述—实践背景—体系逻辑—安全意识—安全责任—安全标准—体系协同—经验启示"的逻辑关系。从每章节来看,结合章节内容,科学构建逻辑框架。例如,第一章重要论述,从安全发展理念、安全生产治理、安全责任落实三个维度系统呈现习近平总书记关于安全生产的论述,每个维度中又以时间为序,线索非常清晰。第二章实践背景,先谈安全生产的重要性,再剖析安全生产的现状,最后讨论安全生产的难点问题,全面论述了安全生产的背景,明确了安全生产亟需解决的问题。第三章逻辑体系,首先界定安全管理体系、安全管理能力、安全生产体系三个核心概念,继而综述安全管理、安全管理意识、安全管理责任、安全管理标准化的研究现状,最后从哲学、理论、实践三个层面构建了完整的安全管理逻辑体系。第四~六章"安全意识—安全责任—安全标准"章,均按照"理论—徐矿做法—典型案例"的结构布局,清晰明了。该书系统呈现了"意识+责任+标准化:徐矿集团三位一体安全管理体系创新实践"的逻辑体系。

三是内容呈现方面。该书梳理、整合、提炼了徐矿集团"意识+责任+标准化"三位一体安全管理体系创新实践,基本内容围绕"提升安全意识、压实安全责任、建设安全标准"核心环节搭载体、建制度、抓落实、强管理,致力实现"人机物管环"的本质安全。突出意识引领,提升安全政治、安全思想、安全行动三种意识,实现安全管理从治标为主向标本兼治转变;突出狠抓责任落实,健全"集团统领、单位主体、区队自理、班组自治、岗位自主"的安全责任体系;严格标准执行,健全安全管理体系、科技保安体系、素质提升体系,致力从源头上提升"管理装备素质系统"安全管理基础。本书内容丰满、扎实,便于操作和执行。

四是经验启示方面。该书从学术意义、创新价值、数智融合三个层面揭示了"意识＋责任＋标准化:徐矿集团三位一体安全管理体系创新"对于能源企业安全管理研究与实践的独特贡献。尤其是数智融合层面的阐述,明晰了徐矿集团以数智融合技术提升推进安全管理水平的发展方向,具有时代性和前瞻性,展现出徐矿集团与时俱进、敢闯敢干、一往无前的奋斗姿态。从安全与数字融合、安全与智能融合和安全与科技融合三方面,以"理论论述＋徐矿做法"的形式,展示徐矿集团大数据、人工智能等高新技术助力安全管理的综合应用与未来方向。

安全管理的理论与实践创新是一个永无止境的过程。"众人拾柴火焰高",我相信在徐矿集团等能源企业的不断创新实践下,在众多专家学者的共同努力下,我国社会科学领域的安全管理研究必将更创辉煌,亦能为中国特色哲学社会科学体系的构建添砖加瓦。

江苏省社科联党组书记、常务副主席：张新科

2024 年 3 月 25 日

目　　录

第一章　重要论述

安全生产事关人民福祉,事关经济社会发展大局。党的十八大以来,以习近平同志为核心的党中央高度重视安全生产,始终把人民生命安全放在首位。习近平总书记多次针对安全生产工作发表重要讲话,作出重要指示批示,深刻论述安全生产红线、安全发展战略、安全生产责任制等重大理论和实践问题,对安全生产提出了明确要求。

第一节　安全发展理念摘编

人命关天,发展决不能以牺牲人的生命为代价。这必须作为一条不可逾越的红线。

——2013年6月,习近平总书记就做好安全生产工作作出重要指示

各级安全监管监察部门要牢固树立发展决不能以牺牲安全为代价的红线意识,以防范和遏制重特大事故为重点,坚持标本兼治、综合治理、系统建设,统筹推进安全生产领域改革发展。

——2016年10月,习近平总书记对全国安全生产工作作出重要指示

树立安全发展理念,弘扬生命至上、安全第一的思想,健全公共安全体系,完善安全生产责任制,坚决遏制重特大安全事故,提升防灾减灾救灾能力。

——2017年10月18日,习近平总书记在中国共产党第十九次全国代表大会上的报告

生命重于泰山。各级党委和政府务必把安全生产摆到重要位置,树牢安全发展理念,绝不能只重发展不顾安全,更不能将其视作无关痛痒的事,搞形式主义、官僚主义。要针对安全生产事故主要特点和突出问题,层层压实责任,狠抓整改落实,强化风险防控,从根本上消除事故隐患,有效遏制重特大事故发生。

——2020年4月10日,习近平总书记对安全生产作出重要指示

各地区和有关部门要坚持人民至上、生命至上,统筹做好疫情防控和防汛救灾工作,坚决落实责任制,坚持预防预备和应急处突相结合,加强汛情监测,及时排查风险隐患,有力组织抢险救灾,妥善安置受灾群众,维护好生产生活秩序,切实把确保人民生命安全放在第一位落到实处。

——2020 年 6 月,习近平总书记对防汛救灾工作作出重要指示

坚持以人民为中心的发展思想,不是一句空洞口号,必须落实到各项决策部署和实际工作之中。

——2022 年 10 月,习近平总书记在《求是》杂志发表重要文章《坚持人民至上》

要牢固树立安全发展理念,坚持人民至上、生命至上,以"时时放心不下"的责任感,抓实抓细工作落实,盯紧苗头隐患,全面排查风险。

——2023 年 6 月,习近平总书记对安全生产作出重要指示

......

习近平总书记始终把人民生命安全放在首位,高度重视安全生产工作,指出"人命关天,发展决不能以牺牲人的生命为代价",强调"安全生产是民生大事,一丝一毫不能放松,要以对人民极端负责的精神抓好安全生产工作"①,要求"各级党委和政府特别是领导干部要牢固树立安全生产的观念,正确处理安全和发展的关系,坚持发展决不能以牺牲安全为代价这条红线"②。习近平总书记关于安全生产的一系列重要论述、重要指示,深刻揭示了安全生产的极端重要性,充分彰显了人民至上、生命至上的价值理念,是统筹发展和安全、全面提升安全发展水平的根本遵循。

"不要强调在目前阶段安全事故'不可避免论',必须整合一切条件、尽最大努力、以极大的责任感来做好安全生产工作。抓和不抓大不一样,重视抓、认真抓和不重视抓、不认真抓大不一样。只要大家都认真抓,就可以把事故发生率和死亡率降到最低程度。"③习近平总书记的重要讲话打破了"事故阶段论"和"可以原谅论",重塑了安全发展理念之魂,推动全国进行了一次安全发展理念大更新、思想大解放和领导体制大改革、监管机制大创新,破解了长期制约安全生产工作的几个根本性重大问题,为新时代安全生产工作取得历史性成就、发生历史性变革提供了根本遵循和强大动力。

---

① 中共中央党史和文献研究院:《习近平关于防范风险挑战、应对突发事件论述摘编》,中央文献出版社 2020 年版,第 92 页。

② 中共中央党史和文献研究院:《习近平关于防范风险挑战、应对突发事件论述摘编》,中央文献出版社 2020 年版,第 236 页。

③ 中共中央党史和文献研究院:《习近平关于防范风险挑战、应对突发事件论述摘编》,中央文献出版社 2020 年版,第 180 页。

第二节　安全生产治理摘编

所有企业都必须认真履行安全生产主体责任，做到安全投入到位、安全培训到位、基础管理到位、应急救援到位，确保安全生产。

——2013年11月，习近平总书记在青岛黄岛经济开发区考察时强调

安全生产必须警钟长鸣、常抓不懈，丝毫放松不得，否则就会给国家和人民带来不可挽回的损失。

——2013年11月，习近平总书记在青岛黄岛经济开发区考察时强调

各级党委和政府要牢固树立安全发展理念，坚持人民利益至上，始终把安全生产放在首要位置，切实维护人民群众生命财产安全。要坚决落实安全生产责任制，切实做到党政同责、一岗双责、失职追责。

——2015年8月，习近平总书记就切实做好安全生产工作作出重要指示

要健全风险防范化解机制，坚持从源头上防范化解重大安全风险，真正把问题解决在萌芽之时、成灾之前。要加强风险评估和监测预警，加强对危化品、矿山、道路交通、消防等重点行业领域的安全风险排查，提升多灾种和灾害链综合监测、风险早期识别和预报预警能力。

——2019年11月，习近平总书记在主持中央政治局第十九次集体学习时强调

各级党委和政府务必把安全生产摆到重要位置，树牢安全发展理念，绝不能只重发展不顾安全，更不能将其视作无关痛痒的事，搞形式主义、官僚主义。要针对安全生产事故主要特点和突出问题，层层压实责任，狠抓整改落实，强化风险防控，从根本上消除事故隐患，有效遏制重特大事故发生。

——2020年4月，习近平总书记对安全生产作出重要指示

对在安全生产上不负责任、玩忽职守出问题的，要严查严处、严肃追责。各级党政主要负责同志要亲力亲为、靠前协调，其他负责同志要认真履行各自岗位的安全职责，层层落实到基层一线，坚决反对形式主义、官僚主义。要在全国深入开展安全大检查，严厉打击违法违规行为，采取有力措施清除各类风险隐患，坚决遏制重特大事故，确保人民生命财产安全。

——2022年3月，习近平总书记对安全生产作出重要指示

坚持安全第一、预防为主，建立大安全大应急框架，完善公共安全体系，推动公共安全治理模式向事前预防转型。推进安全生产风险专项整治，加强重点

行业、重点领域安全监管。

——2022年10月，习近平总书记在中国共产党第二十次全国代表大会上的报告

要以时时放心不下的责任感，全面排查各类安全隐患，强化防范措施，狠抓工作落实，更好统筹发展和安全，切实维护人民群众生命财产安全和社会大局稳定。

——2023年2月，习近平总书记对安全生产作出重要指示

……

党的十八大以来，习近平总书记多次主持召开中央政治局常委会会议和专题会议研究安全生产工作，百余次作出重要指示批示。在党中央的关心关怀下，安全生产领域一批纲领性文件、重量级制度相继出台。2016年10月11日，习近平总书记主持召开中央全面深化改革领导小组第二十八次会议，审议通过了《关于推进安全生产领域改革发展的意见》，并以中央文件印发，这是新中国成立以来第一次以最高规格部署安全生产工作。2018年3月成立应急管理部，同年4月，中办、国办印发《地方党政领导干部安全生产责任制规定》。为彻底破解长期以来一直没有建立起规范化安全生产执法队伍的困境，中办、国办专门印发《关于深化应急管理综合行政执法改革的意见》。2022年，经中央审定，国务院安全生产委员会印发了防范遏制重特大事故的"安全生产十五条措施"。各地党委政府和有关部门对标对表习近平总书记的重要讲话和重要指示精神，创造性落实党中央、国务院的决策部署，以钉钉子精神推进改革，标本兼治提升本质安全水平，对安全生产的重视程度、工作力度前所未有。安全生产法治建设取得重大突破，2019年4月1日起施行的《生产安全事故应急条例》，强化了最后一道生命防线；2020年通过的《中华人民共和国刑法修正案（十一）》增加了"危险作业罪"，彻底扭转了过去只有发生人员死亡的事故才追究刑事责任的状况；2021年修订的《中华人民共和国安全生产法》（简称《安全生产法》），将党的十八大以来形成的有关安全生产制度上升固化为法律法规；

第三节　安全责任落实摘编

各级党委和政府要增强责任意识，落实安全生产负责制，要落实行业主管部门直接监管、安全监管部门综合监管、地方政府属地监管，坚持管行业必须管安全、管业务必须管安全、管生产经营必须管安全，而且要党政同责、一岗双责、

齐抓共管。

　　——2013年7月18日,习近平总书记在中共中央政治局第二十八次常委会上的讲话

　　安全生产,要坚持防患于未然。要继续开展安全生产大检查,做到"全覆盖、零容忍、严执法、重实效"。要采用不发通知、不打招呼、不听汇报、不用陪同和接待,直奔基层、直插现场,暗查暗访,特别是要深查地下油气管网这样的隐蔽致灾隐患。要加大隐患整改治理力度,建立安全生产检查工作责任制,实行谁检查、谁签字、谁负责,做到不打折扣、不留死角、不走过场,务必见到实效。

　　——2013年11月,习近平总书记在青岛黄岛经济开发区考察时指出

　　要抓紧建立健全安全生产责任体系,党政一把手必须亲力亲为、亲自动手抓。要把安全责任落实到岗位、落实到人头,坚持管行业必须管安全、管业务必须管安全,加强督促检查、严格考核奖惩,全面推进安全生产工作。

　　——2013年11月,习近平总书记在青岛黄岛经济开发区考察时指出

　　要切实抓好安全生产,坚持以人为本、生命至上,全面抓好安全生产责任制和管理、防范、监督、检查、奖惩措施的落实,细化落实各级党委和政府的领导责任、相关部门的监管责任、企业的主体责任,深入开展专项整治,切实消除隐患。……各级党委和政府要切实承担起"促一方发展、保一方平安"的政治责任,明确并严格落实责任制,落实责任追究。

　　——2015年5月29日,习近平总书记在中共中央政治局第二十三次集体学习时强调

　　要坚决落实安全生产责任制,切实做到党政同责、一岗双责、失职追责。

　　——2015年8月,习近平总书记就切实做好安全生产工作作出重要指示

　　坚持党政同责、一岗双责、齐抓共管、失职追责,严格落实安全生产责任制,完善安全监管体制,强化依法治理,不断提高全社会安全生产水平,更好维护广大人民群众生命财产安全。

　　——2016年10月,习近平对全国安全生产工作作出重要指示

　　当前,全国正在复工复产,要加强安全生产监管,分区分类加强安全监管执法,强化企业主体责任落实。

　　——2020年4月,习近平总书记对安全生产作出重要指示

　　安全生产要坚持党政同责、一岗双责、齐抓共管、失职追责,管行业必须管安全,管业务必须管安全,管生产经营必须管安全。

　　——2022年3月,习近平总书记对安全生产作出重要指示

　　要以"时时放心不下"的责任感,持续抓好安全生产。

　　——2023年4月,习近平总书记在主持中共中央政治局会议时强调

......

"要抓紧建立健全党政同责、一岗双责、齐抓共管的安全生产责任体系"①。对"党政同责",习近平总书记进一步阐明:"安全生产工作,不仅政府要抓,党委也要抓。党委要管大事,发展是大事,安全生产也是大事。安全生产事关人民利益,事关改革发展稳定,党政一把手必须亲力亲为、亲自动手抓。"②实行安全生产党政同责之后,明确了党政领导班子成员一岗双责、齐抓共管,真正把责任落实到每一个领导工作岗位上,实现各层级、各方面都有人负责,使党的领导和中国特色社会主义制度的优越性在安全生产工作中得到充分发挥。习近平总书记强调,"坚持管行业必须管安全、管业务必须管安全"③,在后来的重要指示批示中,又加上了"管生产经营必须管安全",形成了"三管三必须",与"党政同责、一岗双责、齐抓共管、失职追责"构成了完整的安全生产领导责任和监管责任体系。针对企业主体责任,习近平总书记强调:"所有企业都必须认真履行安全生产主体责任,做到安全投入到位、安全培训到位、基础管理到位、应急救援到位,确保安全生产。"④

安全生产工作的系统性特征决定了落实责任是关键和保证。习近平总书记提出的"党政同责、一岗双责、齐抓共管、失职追责"和"三管三必须",是对落实安全生产责任提出的制度性要求,必须在强化责任落实上谋实招、求实效。推动责任落实落地,要理顺责任体系,按照法律法规和党中央、国务院明确的职责严格落实安全责任,切实解决部门之间、条块之间职责不清的问题,对推卸责任、造成责任悬空的要严肃问责,真正把责任链条健全建强起来;要健全考核评价制度,严格实施安全生产工作责任考核,纳入地方各级党政领导干部综合考核评价内容和高质量发展评价体系,实行过程性考核与结果性考核相结合,建立安全生产绩效与履职评定、职务晋升、奖励惩处挂钩制度,严格落实安全生产"一票否决"制度;对积极主动防范、履责担当的同志,不仅要尽职免责,而且要及时表彰奖励;要推动向预防转型,杜绝"事后发力"思想,不能把安全生产责任制理解为不出大事就没责任,不能等到出事才追责,对责任不落实、隐患排查整治不认真、监管执法不严格等行为,即使没有发生事故,也要动真碰硬。

---

① 中共中央党史和文献研究院:《习近平关于防范风险挑战、应对突发事件论述摘编》,中央文献出版社 2020 年版,第 229 页。
② 中共中央党史和文献研究院:《习近平关于防范风险挑战、应对突发事件论述摘编》,中央文献出版社 2020 年版,第 229 页。
③ 习近平:《习近平谈治国理政》,外文出版社 2014 年版,第 196 页。
④ 习近平:《习近平谈治国理政》,外文出版社 2014 年版,第 196 页。

第二章 实 践 背 景

第一节 安全生产重要意义

一、安全生产是国家安全的重要基石

安全生产事关人民福祉,事关国家经济社会发展大局。习近平总书记指出,要坚持总体国家安全观,坚持底线思维,坚决维护国家安全;要牢固树立安全生产观念,正确处理安全与发展的关系,坚持发展决不能以牺牲安全为代价这条红线。

(一)安全生产是保障人民群众生命财产安全的重要举措

一是有助于预防事故的发生。通过建立完善的安全生产管理制度,制定科学的安全生产标准和规范,加强安全教育和培训,提高从业人员的安全意识和技能,对生产过程中可能出现的危险因素进行全面排查和防范,从根本上预防事故的发生,保障人民群众的生命财产安全。

二是能够有效应对突发事件。安全生产不仅要预防事故的发生,还要做好应急救援工作。通过建立健全应急预案,可以提高应急救援能力和水平,及时有效地处置突发事件,减少人员伤亡和财产损失,保障人民群众的生命财产安全。

三是能够加强监管和责任追究。通过加强监管和责任追究,对违反安全生产法律法规和管理制度的企业和个人要依法严厉打击,对重大事故和严重责任事故要进行彻底调查,追究相关责任人的责任,维护人民群众的合法权益。

(二)安全生产是维护国家和社会稳定的重要体现

安全生产的不断改进和提高,可以减少国家和社会的不稳定因素,增强人

民群众对国家和社会的信任和支持。

一是能够稳定社会秩序。一旦发生安全事故，就会对社会秩序产生巨大冲击。通过建立完善的安全生产管理制度，预防和控制事故的发生，减少人员伤亡和财产损失，维护社会稳定。

二是能够推动经济发展和社会进步。安全生产是经济发展和社会进步的重要前提，如果没有安全保障，企业生产难以正常运作，从而影响社会和经济的发展。安全生产的不断改进和提高，可以保障生产运行的安全稳定，推动经济发展和社会进步。

三是能够加强法治建设和社会信任。安全生产必须依法依规进行，通过加强监管和责任追究，对违反安全生产法律法规和管理制度的企业和个人，依法严厉打击，维护社会公平和公正，增强人民群众对政府和社会的信任和支持。

（三）安全生产是促进经济发展的重要基础

一是能够保障生产经营的安全稳定。通过有效的安全管理措施和制度，可以预防事故和灾害的发生，保障员工的生命安全和健康，维护生产设施和资产的完整性，进而提升员工的工作积极性和满意度，增强企业的社会责任感和提升企业的形象，促进企业可持续发展。

二是能够降低生产成本，提升经济效益。通过加强安全管理和技术改造，提高生产效率和质量，节省生产成本，提升企业竞争力，促进经济发展。

三是能够推动产业升级和转型。随着科技和工业的不断进步，生产方式和生产工艺不断更新和升级，但安全生产始终是企业经营的基础和前提。通过加强技术创新和安全管理，推动产业升级和转型，促进经济发展。

二、安全生产是企业长青的生命之源

安全生产是一种责任，对于企业来说，不仅关乎企业自身的发展，更是对广大职工负责、承担社会责任的一种体现。因而，安全生产是企业发展的前提和根本，企业要想寻求更大发展，就必须切实抓好安全生产工作。只有遏制生产安全事故的发生，才能创造出更好的经济效益，推动企业长远可持续发展。

（一）抓好安全生产能够夯实企业发展根基

一是可以提高职工安全意识。安全生产是企业的头等大事，只有将安全生产置于重要位置，才能够切实做好安全工作。通过安排安全培训和演练，提高职工的安全知识和技能，让职工深刻认识到安全生产的重要性，提升他们的安全意识和责任感。

二是可以完善企业管理制度。企业应该建立健全安全管理制度，明确各部门和人员的安全职责和权利,加强安全监管和检查,强化安全管理责任追究机制,及时发现和处理安全生产问题和隐患,从而完善企业管理制度、提升企业管理水平。

三是可以提高企业综合效益。安全生产事故的发生不仅会对职工生命健康安全带来威胁,还可能对企业的经济效益和社会形象造成损失。如果企业能够重视安全生产,完善安全管理制度,避免安全生产事故的发生,不仅可以提高企业的经济效益,还可以提升企业的社会形象,增强公众对企业的信任和认可。

(二)抓好安全生产能够拓宽企业发展空间

在企业日常生产经营工作中,只有把安全生产摆在首要位置,把安全管理过程中各领域、各环节、各种可能发生的情况预测到,把各种预防措施、应急预案完善好,下好先手棋、打好主动仗,才能为企业实现高质量发展赢得主动、打牢基础、拓展空间。企业必须用心抓安全管理,工作想在前,超前防范,细致入微,要以人为本,既治标又治本,探索事故发生的规律,找准经营生产过程中的薄弱环节,引导职工提高警惕,严加防范,重在预防。

(三)抓好安全生产能够提升企业发展效能

安全是每个人最基本的生存需要,是企业存在的基础,更是国民经济发展的根本保障。要加强对职工上岗特别是特种作业人员的培训和教育,逐步建立安全生产现代管理机制,为实现安全管理标准化建设提供强有力的保障,充分保障职工的安全。职工安全的保障,能够促使其以良好的状态投入到生产的每个环节中,激发其劳动热情,从而有效提升企业的生产效能。

(四)抓好安全生产能够塑造企业社会形象

一是可以丰富企业文化内涵。企业安全生产是企业文化的重要组成部分,注重安全生产,可以为企业的文化内涵注入更多的安全理念、安全价值观和安全意识。这样的企业文化不仅可以提高职工对安全的重视程度,还可以增强职工的责任感和使命感,有助于形成更加积极向上、有益于企业发展的企业文化。

二是可以加强企业安全生产文化建设。通过不断加强安全生产教育和宣传,让职工深刻认识到安全生产的重要性,从而形成安全生产文化的共识。同时,企业还可以通过建立健全安全管理制度,加强安全监管和检查,加强安全管理责任追究机制等措施,促进企业安全生产文化的建设。

三是可以提升企业社会形象。一个重视安全生产、注重职工安全的企业,不仅能够吸引更多的优秀人才加入,还能够得到社会的认可和尊重。这样的企业形象可以提高企业的竞争力,促进企业的可持续发展。

三、安全生产是万家灯火的根本保障

随着我国安全生产事业的不断发展，严守安全底线、严格依法监管、保障人民权益、生命安全至上已成为全社会共识。生命重于泰山，人民的生命安全高于一切，生动诠释了"人民至上、生命至上、责任至上"的价值理念。企业做好安全生产工作是对全体职工生命、财产的保障，也是维护家庭幸福的重要手段。

（一）安全生产彰显"人民至上"，确保企业安全生产"以人民为中心"

"人民至上"是企业安全生产的根本遵循，也是企业践行"以人民为中心"的重要体现。

一是可以强化企业以人为本的理念，更加关注职工安全。安全生产将职工的安全和健康放在第一位，以人为本，以职工为中心，建立完善的安全生产管理制度，提高职工的安全意识和技能，加强安全教育和培训，从源头预防事故的发生，确保职工的生命和财产安全。

二是可以提升企业的社会责任和社会公共利益观。安全生产不仅关注企业内部的安全生产，也关注社会公共利益。通过加强安全生产管理，预防事故的发生，减少环境污染和生态破坏等负面影响，确保企业对社会的贡献和责任。

三是可以提升职工的归属感和幸福感。安全生产以人民为中心，推动企业发展。通过加强安全生产管理，提高生产效率和质量，降低生产成本，增强企业的竞争力和可持续发展能力，为职工提供更多更好的就业机会和发展空间。

（二）安全生产彰显"生命至上"，确保企业安全生产"以安为核心"

安全生产一头连着企业大家庭，一头连着职工小家庭。必须坚持以人民为中心的发展思想，始终把职工群众生命财产安全放在第一位，切实做好安全生产各项工作，使职工群众的获得感、幸福感、安全感更加充实、更有保障、更可持续。

一是有助于强化风险预防意识。安全生产以安为核心，强调预防为主。通过建立完善的安全生产管理制度，加强安全教育和培训，提高职工的安全意识和技能，加强设备维护和保养，改善工作环境，预防事故的发生，确保职工的生命和财产安全。

二是有助于提升应急救援能力。安全生产以安为核心，强调应急救援。通过建立应急预案和应急救援机制，加强应急演练和应急物资储备，提高应急处置能力和水平，最大限度地减少事故对职工生命和财产造成的损失。

三是有助于推动企业可持续发展。安全生产以安为核心，强调可持续发展。通过加强安全生产管理，提高生产效率和质量，降低生产成本，增强企业的

竞争力和可持续发展能力,推动企业可持续发展。

(三)安全生产彰显"责任至上",确保企业安全生产"以责为重心"

安全生产无处不在、无时不在,必须抓细抓小、抓早抓严。要坚持"防"字在先、"严"字当头、"实"字为本,以"一万"的努力严防"万一"的风险,时刻凸显"责任至上"理念。

一是有助于企业落实安全责任制。安全生产以责为重心,强调企业安全责任。通过建立健全安全责任制,明确各级领导和职工的安全职责和权利,加强安全生产监管和检查,强化安全管理责任追究机制,确保安全责任落实到位。

二是有助于企业加强安全生产监管。安全生产以责为重心,强调监管职能。通过加强安全生产监管,提高监管能力和水平,及时发现和处理安全生产问题和隐患,确保企业安全生产。

三是有助于丰富企业安全生产文化。安全生产以责为重心,强调安全文化建设。通过加强安全文化建设,培养和弘扬安全文化,提高职工的安全意识和文化素质,形成安全生产的良好氛围,为企业安全生产奠定坚实的基础。

第二节　安全管理基础现状

一、安全管理成效更加显著

(一)安全管理风控能力不断提升

风险管控是指在工作和生活中积极了解潜在的安全风险和可能的危害,认真加以分析和评估,采取措施予以控制和减少。长期以来,党中央、国务院高度重视安全工作,加强和创新社会治理,完善公共安全应急响应体系,及时排除各类安全生产风险隐患,有力确保了国家安全和人民安居乐业。

(二)安全管理法制体系不断完善

目前,我国已基本建立起由 15 部法律法规、50 多个部门规章、1 500 多项国家和行业标准组成的安全生产法律法规标准体系,为安全生产提供了有力法制保障。国务院安全生产委员会在 2022 年 4 月印发的《"十四五"国家安全生产规划》中,明确要进一步健全法规规章体系、加强标准体系建设、创新监管执法机制、提升行政执法能力。

(三)安全管理创新水平不断加强

党的二十大报告强调,必须坚持科技是第一生产力、创新是第一动力,深入实施创新驱动发展战略,坚决打赢关键核心技术攻坚战。近年来,我国安全生产创新水平持续提高,一是安全生产责任制度不断创新,明确责、权、利关系,不断健全安全保障体系和安全监察体系;二是安全生产培训制度不断创新,各安全生产主体分级分批统一进行培训,使从业人员具备较高的安全生产业务水平、较强的分析判断和紧急情况处理能力;三是安全管理机制不断创新,不断探索推出安全管理机制的新思路、新方式、新做法,新监管手段、创新激励约束机制和创新监督方式不断出现;四是安全管理科技不断创新,通过引入先进的安全监测技术、智能化设备、经常更新技术结构等,切实提高了安全管理的精细化和智能化水平。

二、安全管理制度更加完善

（一）安全管理制度内容趋于精细

2021 年 9 月 1 日,《中华人民共和国安全生产法》第三次修订版正式实行,再度强化和落实生产经营单位主体责任与政府监管责任,建立起生产经营单位负责、职工参与、政府监管、行业自律和社会监督的安全管理机制。同时,深刻汲取近年来事故教训,对安全生产事故中暴露的新问题作了针对性规定。比如,要求矿山等高危行业施工单位加强安全管理,不得倒卖、出租、出借、挂靠或者以其他形式非法转让施工资质,不得将其承包的全部建设工程转包给第三人或者将其承包的全部建设工程肢解以后以分包的名义分别转包给第三人,不得将工程分包给不具备相应资质条件的单位。同年,《国家矿山安全监察局行政复议及行政应诉办法》《矿山重大隐患调查处理办法（试行）》相继出台,不断推进煤矿安全管理精细化建设。2023 年 2 月 13 日,国家矿山安全监察局印发了《矿山安全标准工作管理办法》,该办法遵循"统一领导、归口管理、分工负责"原则,进一步细化了矿山安全领域各类规程、规范、标准的管理、制定、实施、监督和奖励等工作标准,切实为矿山高质量发展提供了技术支撑。近年来,由于党和国家愈发重视,煤矿安全管理相关制度法规不断完善,煤矿企业也在规范安全管理的实践过程中积累了大量经验,如煤矿安全生产许可证标准、重大事故隐患判定、领导带班下井标准、煤层气地面开采安全标准、职工安全培训、职业病危害防治等,产生了大量的安全管理制度,共同创设了安全管理制度的良好环境。

（二）安全管理制度层级管控加强

我国煤矿安全生产实行垂直管理,由国家矿山安全监察局按照法律、行政法规和职责统一领导矿山安全管理工作。我国始终将安全管理层级管控作为推进安全生产工作落实的有力抓手。"十三五"期间,我国已经建立"国家监察、地方监管、企业负责"的矿山安全监管监察体制,健全"党政同责、一岗双责、齐抓共管、失职追责"的安全生产责任体系,安全监管监察责任进一步强化,明确每一处矿山的日常监管主体,实现所有尾矿库地方政府领导监管包保责任全覆盖,企业全员安全生产责任体系更加严密,企业主体责任进一步落实。当前,围绕矿山或煤矿的安全管理,注重加强制度的层级管控。首先,建立了安全管理的层级体系,明确各级管理层的职责和权限。例如,设立安全管理委员会,由企业领导担任主任,负责制定和实施企业安全管理制度;设立安全管理部门,负责制定具体的安全管理细则和操作规程。其次,加强了对层级管理的监督和评估。通过定期的安全检查和考核,确保各级管理层落实安全管理制度,履行相应职责。此外,2020年,国家煤矿安全监察局制定出台了《煤矿安全生产标准化管理体系基本要求及评分方法(试行)》,强调同步建立风险分级管控,对生产过程中发生不同等级事故、伤害的可能性进行辨识评估,预先采取规避、消除或控制安全风险的措施,增强煤矿矿长、总工程师等管理人员、专业技术人员风险意识,实现安全生产源头管控,推动关口前移,将安全风险管控工作向基层延伸,从矿长、管理人员、区队、班组、岗位作业人员进行层层辨识确认,加强安全生产各环节的层级管控,实现全员、全过程、全方位安全管理。

（三）安全管理制度模式系统升级

当前我国安全管理工作已大部分形成系统体系,即由安全生产责任制和与之配套的考核评价制度、安全生产目标的确定与考核以及其他安全管理制度形成的制度体系等。就煤炭行业而言,矿山安全体制改革也带来新机遇。"国家监察、地方监管、企业负责"的矿山安全管理体制进一步完善,按照"管行业必须管安全、管业务必须管安全、管生产经营必须管安全"的要求,加强对矿山安全生产工作的企业领导和"三个必须"责任考核力度。尤其是《煤矿安全生产标准化管理体系基本要求及评分方法(试行)》的出台,推动了我国煤矿安全基础管理模式由侧重质量管理向构建管理体系转变,进一步突出煤矿企业主体责任落实、煤矿领导作用的发挥、管理制度的现场落实、体系建设与安全管理的有机融合等,推动了煤矿企业安全管理水平迈上新台阶,形成了具有中国煤炭行业特色的新时代煤矿安全生产标准化管理模式,逐步实现静态达标与动态达标、硬件达标和软件达标、内容达标和形式达标、过程达标和结果达标、制度设计和现场管理、考验检查和信息化的有机统一。同时,安全管理制度模式的系统升级也为煤矿安全生产实现根本好转并持续保持良好状态、为我国煤矿安全管理体系与国际通用标准体系接轨奠定了基础。

三、安全管理监察更加有效

(一) 成立各级安全监察专职部门

在煤炭行业中建立各级安全监察专职部门的根本目的是确保安全管理和监督工作的有效开展。当前,以我国矿山安全监察局为首的各级安全监察格局已基本形成,各级安全监察专职部门充分履行监察职责,各司其职,安全管理监察体系进一步健全完善。

中央或国家级安全监察专职部门——国家矿山安全监察局:应急管理部管理的国家局,为副部级,负责矿山行业的全国范围安全监察工作,制定相关政策和标准,并发挥指导和协调作用。该部门通过设立不同的职能部门,如综合司、政策法规和科技装备司、煤矿安全监察司、事故调查和统计司等,细化对全国矿山安全的监管。

地方级安全监察专职部门——国家矿山安全监察局各省级(自治区、直辖市)局:根据地理区域划分,负责所辖地区矿山行业的安全监察工作。这些部门可以设立监察执法部门、安全评估部门、事故调查部门等,以实施地方级的安全监察任务。

上述每个级别的安全监察专职部门均具备明确的权力和职责,例如,监督矿山企业是否遵守国家和地方安全法规和标准;检查和评估矿山企业安全管理体系和措施的有效性;指导矿山企业开展安全培训和教育活动,提高职工安全意识和技能;负责对煤矿事故的调查和分析,确定事故原因和提出改进建议;收集和分析煤炭行业安全数据,评估整体安全状况,并提供相关统计报告等。这些安全监察专职部门在层级上相互配合,形成一个完整的监察体系。国家级部门制定政策和标准,提供指导和协调;省级或地方级部门负责具体实施和监督。这种多级协同的监察体系可以确保煤炭行业的安全管理得到全面和有效的实施。

(二) 制定安全管理监察政策法规

我国以垂直管理的行政执法监察形式,体现了在煤矿安全管理方面"依法治国""依法治安"的法治化道路,彰显出弘扬生命至上的安全发展理念和坚定决心。安全管理监察政策法规走过"初步建立阶段""停滞倒退阶段""调整恢复阶段""充实提高阶段",目前迎来"发展完善阶段"。安全管理监察政策法规主要包括:

一是安全监察和执法政策法规。明确安全监察机构职责和权限,规定监察部门执法程序和监察方法。确保监察部门能够有效开展现场检查、事故调查、违规处罚等工作,并对不符合安全要求的煤矿企业采取相应行政处罚和监管措施。如《煤矿安全监察条例》《国家矿山安全监察局行政复议及行政应诉办法》等。

二是事故调查和信息公开政策法规。规定对煤矿事故的调查程序和要求,要求对事故原因进行深入分析,并提出改进措施。同时,促进事故信息公开和共享,提高行业安全警示和警觉性。如《生产安全事故报告和调查处理条例》《矿山重大隐患调查处理办法(试行)》等。

三是风险评估和管控政策法规。要求煤矿企业进行风险评估,识别潜在安全风险,并采取必要措施进行管控。推动煤矿企业建立完善安全管理体系,包括风险管理、隐患排查、安全巡查等,确保风险得到有效控制。如《矿山安全标准工作管理办法》《煤矿复工复产验收管理办法》等。

根据《矿山安全监察系统 2022 年度政府信息公开工作年度报告》,仅 2022 年,整个矿山安全监察系统制发行政规范性文件 65 件,废止文件 98 件,现行有效文件 359 件。如此大量的安全管理监察政策法规的出台,保障了安全监察工作有的放矢、有法可依、有规可循。

(三)培养安全监管监察专业队伍

安全监管监察专业队伍是确保有效监管和提高安全管理水平的关键。按照党中央决策部署,由应急管理部管理,国家矿山安全监察局主导,经过长期坚持不懈努力,多措并举培养监管监察专业队伍。具体包括:

一是完善专业教育体系。设立煤矿安全监管监察专业相关高等教育机构和专业学位课程,培养煤矿安全专业人才。这些学位课程可以包括安全管理、风险评估、安全监察和执法等方面内容。

二是加强日常专业培训。为安全监管监察人员提供必要的专业知识和技能,培训内容包括煤矿安全管理原理、法律法规、安全技术和事故调查等方面。通过参加专业培训课程、研讨会,专业人员可以掌握最新的安全管理技术和法规。

三是跨部门合作和交流。促进安全监管监察人员与其他相关部门之间的合作和交流。通过开展跨部门培训和研讨会,加强对安全法规、技术和管理经验的共享,提高专业队伍的整体素质。

四是建立监察激励机制。这一机制包括薪酬福利、职业晋升和发展机会等内容,吸引和留住优秀的安全监管监察人才,从而保持队伍的稳定性和专业性,提高监管监察工作的连续性和有效性。

通过以上措施,我国矿山安全监察系统培养了一支专业、高素质的安全监管监察队伍,为煤炭行业的安全管理和监察工作提供坚实基础。

（四）强化安全监管监察队伍自身建设

监管监察人员是煤矿安全生产的裁判员,监督监管监察人员履职担当是确保安全管理取得实效的重要环节。为了推动安全监管监察人员更好履职尽责,国务院、应急管理部、国家矿山安全监察局等多级部门通力合作,施行了一系列监督措施,确保监管监察队伍内部纯洁。

一是建立监察部门内部监督机制。通过设立内审机构、定期检查和评估等方式,要求监管监察人员定期向上级部门报告工作情况,包括监察次数、发现问题、处罚情况等。同时,鼓励信息公开,向公众披露相关数据和结果,增强执法监管透明度和公众监督。

二是打通举报投诉与互评监督渠道,供公众和矿山企业内部人员向监管监察部门举报不当行为或不履职情况。确保举报投诉能够得到及时处理和调查,保护举报人的合法权益。开展监督互评和交叉检查,即相互之间对监管监察人员的工作进行评估和检查。通过企业同级部门之间的互评活动,或者派遣其他部门的人员进行交叉检查,确保履职的公正性和客观性。

三是违规必究与培训发展相结合。对于不履职或违规行为,建立严肃的问责机制。根据情况采取纪律处分、责令整改、岗位调整或职务撤销等相应措施,确保监管监察人员严守职责。同时为监管监察人员提供持续培训和专业发展机会,不断提升其专业能力和素质,帮助其提高工作质量和水平,增强履职担当意识和责任感。

第三节　安全工作焦点难题

一、安全意识亟待持续增强

（一）安全风险意识有待加强

安全生产是煤矿发展的生命线、煤矿运行的底线。事无尽善,不怕隐患暗藏,但怕对待隐患态度不明确。目前的安全生产中,仍存在风险意识淡薄的不良现象。常见表现有:

一是轻视安全工作导致安全风险。这多发生在一些基层管理人员中,重生产、轻安全,不能正确处理好安全与生产、安全与稳定的关系,把"安全第一"当作一句口号。条件好时抢着干,条件差时凑合干,只要能完成生产任务,不惜违反规章制度。有甚者违章被抓住也不以为然,并错误地认为抓生产见实效、抓安全是作秀。因思想上轻视安全工作,未能真正地树立安全风险意识,致使许多事故隐患发生,造成不可挽回的伤害。

二是怀有侥幸心理导致安全风险。在实际工作中存有侥幸心理的情况并不少见,很多职工在作业时不是不懂安全操作规程,也不缺乏安全生产知识,且技术水平合格,却"明知故犯",觉得违章不一定出事、出事不一定伤人、伤人不一定伤己。越是有经验的"老师傅",越是容易出现"习惯性违章"。

安全生产中要认真贯彻"增强忧患意识、防范风险挑战要一以贯之"的思想,树立"想不到风险、看不到隐患就是最大的风险隐患"理念,用大概率思维应对小概率事件,增强"风险隐患无处不在、成绩时时归零"的危机感,时刻绷紧安全生产这根弦,始终坚持超前预判、科学决策、精准防范、综合治理,从源头上彻底消除事故隐患。

(二)安全责任意识有待加强

徒善不足以为政,徒法不能以自行。再健全的安全管理体系、再完备的安全规章制度、再具化的安全责任清单,如果脱离了人的意愿和行动,不过是束之高阁的摆设。目前,安全生产中,由于安全责任意识淡薄而导致的灾害事故时有发生,具体表现有:

一是主观经验主义导致安全责任。在进行矿山开采时,有部分工作人员为了节约时间和减少流程,在作业时只凭自身的经验而忽视先进仪器设备的作用,对仪器设备检测出来的数据十分排斥,以至于风险警报形同虚设。这种在意识上的主观经验主义,夸大感性经验的意义,把局部的、个别的、片面的经验误认为普遍真理,是极不负责任的表现,为接下来的操作工作埋下了很大的安全隐患。

二是忽视生产规范导致安全责任。在安全管理中,部分工作人员对安全制度规定视而不见,各类规章制度不能落实下去,在进行日常作业时制度变成一纸空文。一方面在工作过程中加大了施工的风险系数;另一方面致使各项规章无法完善优化,使其作用效能的发挥大大降低。

企业是安全生产的责任主体,各个单位、各个岗位、每名职工都需要履行各自的安全责任。上下一心知责明责、履职尽责、主动担责,牢固树立"大安全"理念,做到安全投入到位、安全培训到位、基础管理到位、应急救援到位,积极实践全产业、全方位、全过程安全管控,才能最终实现企业安全生产形势的持续稳定。

(三)安全法治意识有待加强

令在必信,法在必行。随着我国安全生产、安全管理法律规章的不断健全,

职工安全法治意识普遍得到提升,但仍有不和谐之音,常见现象有:

一是文化素质不高导致法治意识不强。我国煤矿职工数量基数庞大,但部分职工文化水平相对较低,对专业知识的掌握也较为匮乏。虽然相关高校建立了较为完善的培训教育体系,为煤炭行业培养了很多高素质人才,但很多学生毕业后并不愿意从事本专业相关工作;由于煤炭行业工作较辛苦,有些人在工作一段时间后就选择转行离开,造成了高素质人才大量流失。从业人员文化素质不高,导致整体法治意识有待提高。

二是法治知识缺乏导致法治意识不强。在市场利益驱动下,一些煤矿企业把安全生产法律法规以及企业规章制度变成供上级领导检查的"法治建设"和"现代企业制度"的摆设,在企业生产安全方面我行我素,长期存在着"制度是死的,人是活的"的错误思想,以至于从上到下,获知法规制度的意愿淡薄,制度遵从意愿薄弱,整体法治知识缺乏,法治意识不强,导致安全管理阻塞不通,影响安全生产。

《安全生产法》等法律法规,是依法治国方略在安全生产领域的具体体现,是推进安全生产依法治理的强大法律武器。安全管理中必须将思想认识、制度体系与实践行动进行深度交融,杜绝重"管"轻"做"。要树立学习规章制度、规程措施、法律法规的思想意识,让职工学懂学会,并在现场不折不扣地贯彻执行到位。尤其各级领导要不断增强法治观念、规矩意识,带头学法、守法,坚持用法治思维和法治手段解决安全生产问题。

【典型案例】

案例一　河南省××煤矿"5·9"较大火灾事故

2023年5月9日,河南省××煤矿发生较大火灾事故。该矿13采区中部水仓泵房回风联络巷调节风窗周边破碎煤体自燃,火势发展至13采区回风下山,引燃巷道内的木背板和破碎煤体,并沿回风侧迅速蔓延,形成较大火风压,导致风流逆转和紊乱,高温烟气和高浓度CO阻断逃生通道,造成5人遇难。

主要教训:该矿相关人员安全意识淡薄,防灭火工作流于形式,没有认识到专用回风煤巷存在自然发火的潜在风险,安全风险辨识、防灭火措施等均未体现煤巷防灭火相关内容,未发现事故地点存在的自然发火隐患,事故区域巷道没有进行锚喷,未配足灭火器材。

案例二　贵州省××煤矿"8·4"较大窒息事故

2022年8月4日,贵州省××煤矿发生较大窒息事故。该矿16015工作面上副巷风筒脱落,前方巷道内以CO_2为主要成分的有害气体积聚,现场人员违规连接风筒"一风吹",将前方高浓度有害气体吹出,造成 5 名现场人员窒息死亡。

主要教训:现场作业人员安全意识和安全素质不足,应急知识和技能缺乏,灾害辨识及应急处置能力差,自救互救能力差,盲目施救造成事故扩大。

二、安全责任亟待持续压实

(一)各级领导责任有待压实

企业主要负责人是企业的第一安全责任人,企业领导的言行就像一面镜子,反映着职工的行为。企业发展不仅需要领导层"以身作则,率先垂范",也需要领导提供必要的机构、人员、制度、技术、资金等保障,有效推动安全生产管理体系运行。现实情况中,领导干部责任心不强的表现有:一是怕担责、怕负责;二是怕吃亏、怕麻烦;三是墨守成规,不敢创新;四是遇到问题,不拍板、不决策,致使安全生产发生不可补救的重大灾害事故。例如,2016 年铜川照金煤矿"4·25"事故、2019 年泸州锦运煤业"10·22"事故、2020 年崇信周寨煤业"1·15"事故等都反映出矿长安全意识的薄弱。2013 年,国务院指出"要强化煤矿矿长责任,严格落实煤矿矿长安全生产责任,提高矿长安全生产意识";2015年,国家安全监管总局和煤矿安监局开展"千名干部与万名矿长谈心对话"活动,以提升矿长安全生产红线意识;2020 年,国家煤矿安全监察局提出"要落实煤矿矿长安全生产责任,加强矿长安全意识,树立安全发展理念"。

(二)职能部门责任有待压实

管理制度的生命力在于执行,基层单位是安全生产的主阵地,更需要严格执行制度。一般煤矿企业管理制度较多,制度内容较为翔实,涉及多个单位(部门),基层职工学习记忆难度较大。但制度和操作规程恰恰是企业过程管理中最基本的单元元素,职工必须熟练掌握企业制度,将书本上的制度全部消化,将有形化为无形,牢记在心中,才能在生产中、运用中得心应手,为安全生产提供保障。目前一些煤矿企业的安全管理缺乏科学、合理的方法,各部门之间错综复杂的联系制约了职能部门互相配合,时有扯皮、顶牛,只顾本部门,不考虑其他部门的倾向,以至于部门之间的协调和配合不够顺畅,仅口头上将安全生产的口号喊得响亮,实际上企业生产伴随着很多安全隐患。因此,在安全管理中落实职能部门的责任是亟待重视的管理环节。

(三)一线人员责任有待压实

部分一线人员安全责任意识淡薄,对安全认识不深入、不重视,以至于对安全工作说起来重要、干起来次要、忙起来不要,违章指挥、违章作业,酿成惨剧。

究其原因有：一是思想麻痹。有的工作人员由于从事的是经常做的工作，自认为一切都熟悉，导致思想麻痹大意，没有注意到作业过程中出现的新情况、新问题，仍以习惯方式去对待，结果导致事故发生。二是盲目从众。有的工作人员在平时工作中不注重学习必要的安全知识和操作技能，安全素质不高；有的对作业过程中应注意的安全问题的认识模糊不清，不能及时察觉自己的违章行为；有的受外界压力、消极暗示及社会风气影响，对上级领导的违章指挥盲目服从。三是冒险蛮干。有的工作人员在工作中持有一种规章制度与我无关的心态，认为井下作业不违章就不能生产；有的工作人员认为规程或措施过于保守，妨碍生产和作业，用不着事事循规蹈矩；有的工作人员对自己的能力估计过高，主观臆断，不按规程操作，盲目蛮干、冒险作业，最终导致事故发生。因此，企业的安全管理制度的落实，要形成从外源遵从向内源遵从转变的良性循环，牢固树立一线人员的责任意识。

【典型案例】

案例一　山西××煤业公司"8·4"较大顶板事故

2022年8月4日，山西××煤业公司发生较大顶板事故。该矿3102胶带平巷掘进工作面现场作业人员违反过断层安全技术措施中"掘一排，支一排"规定，在架棚支护已滞后工作面迎头2.4米的情况下，未进行架棚补强支护，继续冒险掘进，造成工作面迎头4.5米范围内仅有锚网梁索支护，不足以支撑顶板压力，顶板结构失衡发生冒顶，导致事故发生造成5人遇难。

主要教训：该煤矿日常安全管理混乱，安全责任没有压紧压实。3102胶带平巷掘进工作面在过断层期间没有安排专职安全员进行现场安全监督；事故当班带班矿领导、跟班驻矿安检员未到事故地点进行检查，未发现事故地点存在顶板管理方面重大隐患；该矿人员识别卡管理不严格，代打卡现象长期存在；特种作业人员配备严重不足，存在冒名顶替、人证不符等问题。

案例二　陕西省××矿井"7·25"较大水害事故

2022年7月25日，陕西省××矿井发生一起较大水害事故。该矿11503运输平巷掘进至1 243.6米时，与相邻的茂源煤矿老空区打通，老窑积水突入掘进工作面，造成3人死亡。

主要教训：主体责任不落实。矿级领导和区队管理人员重生产、轻安全，对现场作业人员未按要求进行探放水失察；矿井未配备专职安检员，掘进队仅配备1名队长，未配备副队长和专业技术人员，跟班队长兼班长一身多职。

三、安全标准亟待持续完善

（一）技术管理标准有待完善

煤矿技术管理体系是科学的煤矿生产管理方法，它是煤矿安全、高效生产的关键，也是整个生产质量控制与管理的重点与难点。由于煤矿资源开发的生产环节多、面向的安全工作范围广、整体的生产控制与监督的地方复杂，煤矿技术管理体系在建设过程中也出现诸多阻力。第一，煤矿技术管理体系缺乏科学性，管理不力，缺乏有效的检测和评价机制。第二，技术管理执行水平低，煤矿安全管理不到位，容易导致安全事故发生。第三，煤矿技术管理的企业形式和机制不完善，管理层次缺失，缺乏有效的量化评价指标。第四，技术管理标准制定落后于新技术的发展。随着科技的进步，矿山和煤矿采用了越来越多的自动化和智能化设备和系统，然而，许多现有的技术管理标准没有充分考虑到这些新技术的特点和安全要求。第五，技术管理标准的执行和监督存在不足，尽管有一些技术管理标准存在，但在实际操作中，执行和监督的情况往往不够严格。这可能是由资源有限、监管不到位或者缺乏合适的培训和教育等原因造成的。这五点表明煤矿技术管理标准有待完善。因此，为了避免事故发生，必须加强安全生产管理，综合运用多种生产技术与管理手段，加快完善煤矿技术管理体系，以此来指导煤矿安全生产，以达到保质保量的生产效果。

（二）设备管理标准有待完善

近年来，随着经济发展带动起来的生产型矿山设备数量迅猛增加，生产规模不断扩大，越来越多地暴露出各种设备管理问题。设备管理是一种全员、全过程的管理，不少企业虽然有健全的设备管理机构，但分工不明确，制度不完善，落实不到位，设备管理的相关标准难以贯彻到位，发挥不出其应有的作用。

目前我国矿山设备管理标准存在的突出问题如下：其一，由于费用预测不精细、计划不周密、控制不恰当导致的设备采购标准的问题；其二，设备种类过多，设备因技术缺乏未能充分利用导致的设备技术标准的问题；其三，设备闲置现象多，设备残值未能充分利用导致的设备报废标准的问题。在对矿山设备进行管理的过程中，企业应当严格按照设备管理流程密切结合自身实际情况制定一套适合本单位的管理标准，并将设备管理标准的执行工作与单位、个人效益挂钩。矿山设备是矿山生产力的重要组成部分和基本要素之一，是企业从事生产经营活动的重要工具和手段。设备管理标准的制定、落实一定要有精益求精的工作态度，对设备问题一定要做到求根溯源，找出问题关键所在，必须实事求是地做好设备标准的优化、建设工作。

（三）岗位规范标准有待完善

在国家对安全生产高度重视的情况下，在企业安全生产标准化如火如荼进行时，为何事故依然频繁发生呢？在实际的安全生产标准化建设过程中，很多企业虽然通过了企业达级评估，却没有真正地实施岗位达标，职工对安全生产标准化的认识依旧模糊，导致安全生产标准化的落实产生了偏差，因此岗位规范标准也就势在必行。

目前安全生产中岗位规范标准不完善的现状主要集中在：一是岗位规范标准的制定和执行存在差异。在矿山或煤矿中，涉及的工种和岗位众多，每个岗位的安全要求和职责都有所不同。然而，当前的岗位规范标准并没有完全覆盖所有的工种和岗位，或者存在执行上的差异。这导致了不同岗位之间在安全意识和安全操作上的不一致性，增加了事故发生的风险。二是部分岗位规范标准的内容过于模糊或不够详细。安全管理需要明确的指导和规定，以确保职工能够清晰地理解和遵守安全要求。然而，一些岗位规范标准可能存在模糊的表述或缺乏具体细节，无法提供明确的指导。这给职工带来理解上的困惑，增加了操作风险和安全事故发生的可能性。三是部分岗位规范标准在更新和适应新技术方面存在滞后。随着科技的进步和应用，矿山和煤炭行业也在不断引入新的设备、技术和工艺。然而，岗位规范标准的更新速度相对较慢，无法及时适应新技术的安全管理要求。这可能导致职工缺乏对新技术的正确操作方法和对安全风险的认识，增加了事故发生的可能性。

（四）安全监管标准有待完善

随着经济社会的发展和新发展阶段我国矿山安全监察体制的变革，矿山安全监管标准建设暴露出新发展阶段法规监管标准体系尚未形成、监管法规之间不协调、监管法规陈旧等问题。一是在部门监管规章层级，缺乏风险防控和隐患排查治理、生产安全事故应急管理、安全监察信息系统以及地方政府矿山安全监管的监督检查等方面的规定，不能满足国家矿山安全监察局职责的新要求。二是法规之间不协调，安全监察无所适从。《左传》曰："行其政令，行其政事"。矿山安全监察人员应严格依照有关法律法规行使安全监察的职责权限，立法的高质量尤显重要，要求法律法规的内容应严谨、准确，法规之间应协调一致。现行矿山安全法律法规内容存在不一致，如关于"特种作业人员无证上岗"的处罚，《国务院关于预防煤矿生产安全事故的特别规定》要求"对特种作业人员无证上岗的，应当责令限期改正，处10万元以上50万元以下的罚款；逾期未改正的，责令停产整顿"，《煤矿安全监察条例》规定"特种作业人员未取得操作资格证书上岗作业，经煤矿安全监察机构责令限期改正，逾期不改正的，责令停产整顿",法规内容的不同直接导致安全监察人员对上述违法施政存在差异。[1]三是监察法规陈旧,不能满足矿山安全发展需要。随着我国矿山领域科学技术的飞速发展,矿山新技术、新设备不断涌现,矿山产业规模化、自动化、信息化发生了重大变革,灾害事故风险更趋复杂,伴随而来的安全风险正不断攀升,现有的安全监管法规没有随着风险变化及时调整和优化,难以满足新发展阶段新形势的安全需求。

【典型案例】

云南省××煤矿"10·15"较大顶板事故

2022年10月15日,云南省××煤矿发生较大顶板事故。工作面事故地点处于断层带和三角岩柱应力集中区,该矿未按作业规程要求加强支护,违章在控顶区域内提前摘柱,导致顶板垮落,造成6人遇难、1人受伤。

主要教训:未组织编制工作面过断层、老巷、应力集中区的专项安全技术措施,112301采煤工作面作业规程中无管控复合顶板离层垮落的针对性安全技术措施,该面倾斜长度发生较大变化后未及时组织修编作业规程。

内蒙古××煤业公司露天煤矿"2·22"特别重大坍塌事故

2023年2月22日,内蒙古××煤矿发生特别重大坍塌事故。该矿采场底部连续高强度剥离采煤,致使边坡稳定性持续降低,处于失稳状态,边帮岩体沿断层面和节理面滑落坍塌,加之应急处置不力,未能及时组织现场作业人员逃生,造成53人遇难、6人受伤。

主要教训:标准化管理严重缺失。违规组织开采,为了多出煤、降成本,违反设计组织施工,形成超高超陡台阶,人为制造重大事故隐患;未编制边坡工程监测方案,未对边坡稳定性进行分析;随意布置钻孔,频繁组织在高陡台阶坡底实施爆破;规章制度不完善,长期不开展隐患排查治理,从未组织开展过安全培训和应急演练;未设置专门负责技术管理的机构及人员,未编制作业规程和安全技术措施。

第三章 体系逻辑

第一节 核心概念

核心概念界定是研究展开的重要环节。核心概念是指研究中研究问题、研究对象、研究内容等关联的重要主体。核心概念的界定可以更加清晰地展示研究的维度、对象及核心内容。完整的核心概念界定可以为研究提供更加完善的逻辑思路与逻辑地图。[2]根据本书的研究问题和研究内容,核心概念遵循"循序渐进"和内涵外延相通的逻辑,对安全管理、安全管理体系、安全生产、安全生产体系等概念进行界定,以更好地明确本研究的边界和论证的核心问题。

一、安全管理体系

安全生产问题是伴随着生产和技术的发展而发展的,安全管理的理念也伴随着人们对安全生产的理解的不同而逐渐变化。不同的主体视角对于安全管理的理解存有差异,这也致使安全管理的界定繁多,其内涵也较为丰富。本部分结合安全管理的发展历程,从不同主体出发探究安全管理的内涵,给出较为全面和细化的阐释。

(一)安全管理的发展演变

安全管理在企业的发展由来已久,学者对其发展历程的梳理,由于视角等的不同,存有较大差别。已有研究多从事故的视角划分,对安全管理的发展演变进行阐述。如罗云(2004)认为,安全管理已经由近代的事故管理发展为现代的隐患管理。[3] Harms-Ringdahl(2004)认为,不同的企业安全管理的理解不应该相同,并提出了两类安全管理的理念:一类简单地说明了安全管理的功能,适用于一般的普通中小企业;另一类强调了对安全生产的系统管理,适用于大型高危险性企业。[4]由此可以看出,对安全管理理解的不同源于人们实际生产工作的需要,不存在适用于所有企业的统一模式。综合已有观点,本研究从事故的视角,将安全管理的发展,分为事故视角安全管理、传统视角安全管理、现代视角安全管理三个阶段。

1. 事故视角安全管理阶段

海因里希的《工业事故预防》(*Industry Incidents Prevention*)一书中阐述了工业事故发生的因果论,这是较早地提出安全管理理念的著作。但他并没有直接说明什么是安全管理,而是提出了一系列安全管理的问题,如"不安全行为的原因""安全与生产之间关系"等,该理论被称为"工业安全公理"(axioms of industrial safety)。丹麦标准协会也提出了对安全管理的理解,认为安全管理是管理危险(企业风险)的方法。这种视角把安全管理等同于事故管理和风险管理,较容易理解,其缺点是考虑问题的因素比较单一。

2. 传统视角安全管理阶段

企业管理理论的发展使得学术界开始从企业管理的视角研究安全管理,把安全管理视为企业管理的一个组成部分,利用企业管理的最新理论对安全管理进行研究。Papadakis(1999)认为安全管理是决定和实施安全政策的全部管理功能,包括活动、主观行为、计划等的整个过程,它关注技术、人和企业方面,包括企业内的所有个人的活动,这些安全管理因素往往形成了安全管理系统。[5]这种观点容易造成安全管理与企业管理的混淆,不能体现出安全管理所具有的独特性。袁昌明(1998)认为,安全管理是研究人、物、环境三者之间的协调性,对企业安全工作进行决策、计划、组织、控制和协调,在法律制度、企业管理、技术和教育等方面采取综合措施,控制人、物、环境的不安全因素,以实现安全生产为目的的一门综合性学科。[6]陈宝智(1999)认为,安全管理是为实现安全生产而组织和使用人力、物力和财力等各种物质资源的过程;安全管理要利用计划、组织、指挥、协调、控制等管理机能控制来自自然界的、机械的、物质的不安全因素及人的不安全行为,以避免发生伤亡事故;安全管理还必须遵从伤亡事故预防的基本原理和原则。[7]这两种观点既强调了安全管理具有企业管理的全部功能,又强调了安全管理对象的特点,比较全面地反映了安全管理的内涵与特征。

还有一些学者结合自己的理解从企业管理的视角提出了对安全管理的理解,如曹琦(1994)、甘心孟(1999)、吴穹(2002)、崔正斌(2004)等人[8-11]把安全管理视为企业管理的一部分,主张采用企业管理中"协调"的观点来看待安全管理,把安全管理视为对"职工""设备""环境""制度"构成的安全系统的协调控制。这些安全管理理念强调通过安全管理把事故率降低到最低水平,适用于传统的企业,对于航天、核电、民航这些要求零事故率的企业具有一定的局限性。该种安全管理理论可称为"传统安全管理"。[3]

3. 现代视角安全管理阶段

随着现代工业生产规模的扩大,企业生产中蕴涵的风险越来越大。航天、核电、民航等"高可靠性企业"(high reliability organization)和石油化工等"流程工业"(process industry)要求生产中的绝对安全,由此提出了系统安全管理的理念,即出现了系统视角的安全管理理念。Ronald(1998)提出了现代安全管理程序应包括的几方面:以人为本的文化、积极的安全领导/管理部门、工作设计和人机设计、安全培训和激励、有力的管理和健康促进程序,认为在现代安全管理中管理和监督部门应积极持续地支持健康安全计划,鼓励职工参与实施降低伤害率的行为。[12]这种安全管理理论提出了全员管理和全过程管理的安全管理新思路,体现了系统管理的思想。Gill 等(2004)提出航空企业在设计安全管理系统时,安全管理系统的效能(effectiveness of safety management system)依赖于有效地弥漫于企业结构中的积极的安全文化,提出了通过安全文化等手段实施安全管理的观念,使企业文化观念向现代安全管理渗透。[13]

(二)不同主体和维度视角下安全管理的内涵

1. 从企业发展的视角

从企业发展的视角,安全管理指为了预防企业内人员不发生意外伤亡事故和机器、设备、房屋等不发生意外破损事故,而采取的一系列技术措施。[14]其主要内容包括:建立和健全安全组织和安全责任制,制定和实施安全技术措施,制定和贯彻安全操作规程,开展生产必须安全、安全为了生产的教育等。企业的安全责任制,多采取经理、车间主任、班组长分级负责制。安全技术措施,包括在机器设备上安装安全设备和防护装置,加强设备的安全维护和检修,加强电器设备和线路的绝缘检查,使用安全用品,工作地的合理安排等。安全操作规程通常分总则、工作前的安全规则、工作中的安全规则、工作结束时的安全规则等四部分。安全教育的内容包括思想教育、劳动保护的政策、制度教育和安全技术知识教育等。教育的形式和方法主要有入厂教育、车间教育和岗位教育;对从事危险性工作的人员进行专门教育;就事故现场作典型分析等。

2. 从企业发展目标的视角

从企业发展目标的视角,安全管理是对一个企业为达到预防、控制危险及减少损失的目标而必须进行的活动,并加以计划、组织、指导和控制。其中既有安全专业人员的参加,也有在一定组织中的所有其他人员的参与活动。[15]

3. 从制度建设的视角

从制度建设的视角,安全管理是为防止意外事故,保障安全生产而制定的一套企业管理措施,包括建立健全安全管理机构,执行安全法规,落实安全管理责任制,编制安全措施计划,进行安全教育培训和安全检查,写伤亡事故报告等。[16]我国从中央到各级地方劳动部门、产业部门以及厂矿企业,基本上建立了安全生产专职或兼职管理机构。厂矿企业是贯彻执行安全生产方针的基层单位,企业领导必须从组织上、制度上落实安全管理责任制,做到"管生产必须管安全"。企业中的生产、技术、设计、财务、运输、供销等各有关专职机构,都应在各自业务范围内,明确安全责任并制定具体措施。企业应根据实际工作需要设置安全机构和专职人员,协助领导组织开展生产中的安全工作,贯彻执行安全生产法规、制度,汇总和审查安全技术措施计划;督促有关部门和生产车间制定、修改安全生产制度和安全技术操作规程;并对贯彻执行情况进行监督检查,经常深入现场协助解决问题,遇到特别紧急的不安全情况时,有权指令先行停止生产,然后立即报告领导处理解决;推广安全生产经验,对职工进行安全教育和组织专业安全技术培训。企业主管部门和国务院各产业部门安全生产专职管理机构的职责是:根据国家的方针政策提出本部门、本系统的安全生产方案和要求,并督促下属企业认真执行;组织研究处理重大安全方面的问题。经贸、劳动部门负责安全工作的综合管理,组织安全检查,监督检查各产业部门和企业单位贯彻执行安全生产方针政策。[17]

（三）安全管理体系的概念

安全管理体系的概念很丰富。在学术界中,有国外学者建议将安全管理体系定义为与安全相关的一组政策、战略、实践、程序、角色和功能。Fernández-muñiz 等(2007)定义安全管理为一套政策和实践,旨在对职工的风险态度和行为产生积极影响。[18]Li 等(2018)将现代安全管理体系定义为任意履行安全职责的活动集合。[19]

从实务界和学术界对安全管理体系的定义可以看出,安全管理体系概念并未得到统一。通过分析,ISO 45001 和 GB/T 28001—2011 对安全管理体系的定义较为全面和科学,它使用系统的概念[20],揭示了安全管理体系的三个基本特征:① 以安全为目标;② 具有实现目标的一组安全管理要素;③ 要素间相互联系。任何一个特征的变化都会导致安全管理体系的不同,这样看来,就可以解释安全管理体系多种多样的现象。但是,ISO 45001 和 GB/T 28001—2011仅仅是针对职业健康安全目标的安全管理体系,本书的研究范畴更广,包括职业健康安全管理体系、安全管理标准化体系以及健康、环境、安全管理体系等。

安全管理体系也被一些学者和安全管理人员片面地当成体制结构、风险管理流程、信息化系统、一套安全管理制度等。[21-22]实际上,这些仅仅是安全管理体系的一个要素。

二、安全管理能力

安全管理能力是企业发展的重要抓手,安全管理和组织能力是其重要的内容构成。因而,明确企业安全管理能力的概念,要从安全管理和组织能力两个基本概念入手,在明确分析两者后,将两者有机结合,可以形成企业安全管理能力的概念。当前对于安全管理能力的阐述多是集中于企业,主要以企业安全管理能力的阐释为主。[23]对于企业管理能力的界定,不同的学者从不同的视角给出了不同的解释。

企业安全管理能力是一个积累管理经验的过程。[24]第一,从企业管理的构建要素视角,企业安全管理除了关注人员,设备、环境和制度也应考虑在内[25],因而企业的安全系统通常由人员、设备、环境、制度构成,在对该系统进行管理的过程中积累的安全知识即企业的安全管理能力。[26-31]也有学者在此基础上,增加了组织结构、文化因素、安全知识、资源进行合理利用等要素。[32-36]第二,从处理安全事件的视角,企业安全管理能力是一项复杂的系统工程,其本质是将不安全事件造成的损失降到最小的能力。[37-39]第三,从能力属性的视角,企业安全管理能力是一种具有组织能力属性的、受企业安全管理资源决定的、特殊的组织能力。[40-42]

三、安全生产体系

安全生产体系是一项庞大的系统工程[43],它涉及企业生产的各个环节。因而,对于企业安全生产体系的界定,应从安全生产的概念入手,在厘清安全生产内涵的基础上,结合体系的含义,对安全生产体系进行全面和系统的界定。

(一)安全生产的内涵

安全生产是指保护劳动者在生产、经营活动中的人身安全、健康和财产安全,专指对劳动者在劳动过程中可能引起伤亡和职业危害的保护。企业管理中,安全生产是指企业职工或设备在生产过程中没有危险、不受威胁、不出事故。比如生产过程中的人身和设备安全等。安全生产工作除了保护劳动者的安全、健康外,还有其他的任务,如保障机械设备安全运转、国家财产不受损失等。[44]

(二)安全生产体系的内涵

安全生产体系是指企业为保障职工生命安全和财产安全而建立的一套完整的安全管理体系,包括安全政策、安全目标、安全责任、安全制度、安全培训、

安全监督和安全评价等方面。[45-47]其核心要素包括以下几个方面:

(1) 安全政策:企业应制定适合本企业的安全政策,明确安全的重要性和优先级,确立企业安全目标和责任体系。

(2) 安全目标:企业应将安全目标纳入企业整体战略规划,明确安全目标并将其落实到各个部门和职工的日常工作中。

(3) 安全责任:企业领导应明确安全责任,将其落实到具体岗位和人员,建立健全安全组织结构和安全责任体系。

(4) 安全制度:企业应制定完善的安全管理制度和规章制度,包括安全生产规定、应急预案、安全操作规程等,确保职工能够遵守相关规定。

(5) 安全培训:企业应对职工进行安全培训,提高职工安全意识和安全素质,使职工能够正确地应对事故和危险。

(6) 安全监督:企业应建立完善的安全监督机制,对生产过程中的安全情况进行监控和检查,及时发现并处理安全隐患。

(7) 安全评价:企业应定期对安全生产体系进行评价,发现问题并及时进行改进,不断提高企业的安全管理水平。

第二节 学术基础

本书首先基于对安全理论的深入研究,秉持"概念递进,全面覆盖、深入挖掘"的思路,围绕安全管理的内涵和外延,形成以"安全管理"为核心、"安全生产"为主要构成维度的文献内容梳理思路,紧扣安全管理和生产中"意识"、"责任"和"标准化"的重要思想,从"关于安全管理的研究""关于安全管理意识的研究""关于安全管理责任的研究""关于安全管理标准化的研究"四个方面,按照"现状与问题""创新举措"等维度展开,进一步厘清了安全管理和安全生产的发展脉络、演变趋势和时代价值,也进一步梳理了安全管理意识、安全管理责任、安全管理标准化的发展脉络,从而为后续研究理论的构建、研究问题的提出等提供了逻辑思路和理论基础。

一、关于安全管理的研究

国内外关于安全管理的研究主要聚焦于企业,研究内容集中在安全管理的内涵分析、安全管理的发展现状、安全管理存在的核心问题及优化安全管理的举措。综合已有文献,结合本研究的核心问题和主要研究内容,本部分对安全管理研究的文献梳理,主要围绕能源企业主体,重点梳理安全管理现状与问题、安全管理创新举措等内容。

(一)关于安全管理现状与问题的研究

能源企业管理的过程中,细微的安全管理问题容易造成严重的危害或是大量的经济损失,最终会直接影响企业的社会效益和生产效益。[48]合理有效的管理能够有效节约成本、提高经济收益,最终促进企业的良性发展。

随着网络技术的融入,安全管理表现出如下趋势:第一,安全管理意识不断提高。安全管理已经成为企业管理的重要方面。[49-50]越来越多的企业开始意识到安全管理的重要性,并采取了不同的措施来保障职工和组织的安全。例如,加强安全培训、建立安全管理制度和规章制度、提高安全意识等。第二,安全管理技术不断进步。智能化安全防范系统、物联网安全管理、云计算安全等被不断应用到企业的安全管理过程中,使得安全管理更加高效、准确和便捷。[51-54]第三,安全管理制度不断完善,越来越多的企业重视建立安全管理体系、制定安全管理规章制度、建立安全检查机制等安全管理制度。[55-58]

现阶段,企业生产过程中遇到的各种安全问题已经成为社会各界密切关注和亟待解决的重要问题。以往关于安全管理的研究主要集中在企业安全管理观念、管理机制、作业人员自身、机电设备、地质方面的因素等。[59]随着国家对企业安全监督力度的不断增加,各项法律法规的施行,企业的安全生产形势趋向好转。但是,在企业生产的过程中还存在一些问题值得进一步研究,一是企业自身,如企业安全管理观念落后、管理机制不健全、作业人员安全防范意识不强等问题;二是矿井和机电设备存在的问题较多;[60]三是复杂多样的地质环境因素;四是尚未实现对灾害的有效控制。[61]我国整体矿业企业安全形势仍然严峻,加强相关企业的安全管理仍然是重要工作。

(二)关于安全管理创新举措的研究

新形势下,企业提高了对安全管理工作的关注程度和重视程度,并在整个生产、管理中贯彻落实"安全第一"的原则,通过转变管理理念、更新管理方法来提高管理效能,最终能够有效避免因为安全问题而导致的经济损失。

以往关于安全管理创新举措的研究主要包含以下几个方面:第一,建立安全健康管理体系。研究表明,在企业发展中,构建职业安全健康管理体系是保障人员安全、获取经济效益的科学管理标准体系。[62]第二,建立安全生产规章制度。研究表明,制定企业安全生产的规章制度和责任机制,各个部门的领导和人员都能够依据责任制度和规范要求来承担相应责任和完成既定任务,能够深化安全意识。[63]第三,健全安全宣传教育机制。企业将安全管理工作落实到各个工作环节和渗透到各个部门中,有助于增强职工的安全意识、法律意识以及责任意识,在保证自身安全的基础上积极投入到生产作业中。[48]第四,优化技术设备。企业管理人员借助先进技术来开展安全管理工作,能够减少安全事故发生概率,并保障工作人员生命安全。[64]第五,完善现场管理措施。现场安全管理措施的进一步完善对开发者和管理者起到重要作用,若施工现场杂乱无章将很难贯彻落实制定的安全管理措施,甚至还会阻碍工作,不仅降低了工作效率,还会造成经济损耗。[65]

二、关于安全管理意识的研究

安全管理意识是各级职工对安全事故的预防、处理和管理的认知和态度。安全管理意识的现状、存在问题和创新举措对于企业或组织的安全管理至关重要。下文围绕安全管理意识的现状、存在问题、创新举措进行文献综述,梳理安全管理意识的现状和趋势,挖掘和归纳安全管理意识提升中存在的核心问题。对安全管理意识创新举措的梳理,有助于进一步增强企业的安全管理能力,降低安全事故的发生。

（一）关于安全管理意识现状与问题的研究

厘清安全管理意识的现状与发展趋势以及其提升过程的阻碍,是企业安全管理的重要内容。已有研究从意识的提升程度、重视程度及意识差异等,对安全管理意识的现状和问题进行了阐述。综合已有研究,当前安全管理意识表现出如下趋势:一是企业安全管理意识逐步提高。[66-67]随着人们对安全的重视程度不断提高,企业和组织在安全管理方面的意识也逐步提高。越来越多的职工开始认识到安全管理的重要性,积极参与到安全管理中来,进一步提高了安全管理意识。二是安全管理意识普及程度尚不深入。[68-70]尽管安全管理意识在逐步提高,但是在一些企业和组织中,安全管理意识的普及还不够。一些职工对安全管理的认知和态度仍然存在偏差,对于安全管理的重要性认识不够,导致安全管理意识比较淡薄。三是安全管理意识存在差异。[71-72]一些职工对于安全管理的重要性认识不够,对于安全事故的预防和处理存在侥幸心理,导致安全管理意识存在不同程度的差异。

根据安全管理意识研究现状的分析,安全管理意识的提升存在如下问题:一是安全管理意识缺失。[73-74]安全管理意识缺失是一个普遍存在的问题,职工对于安全管理的重要性认识不够,对于安全事故的预防和处理存在侥幸心理,导致安全管理意识缺失。二是安全管理意识不够坚定。[75]安全管理意识虽然存在,但是不够坚定。一些职工对于安全管理的重要性认识存在偏差,导致安全管理意识不够坚定。三是安全管理意识缺乏创新。[76]一些职工习惯于把安全生产挂在嘴上，没有真正内化于心、外化于行，忽略了信息社会发展对安全生产提出的新课题新要求，导致安全管理意识陈旧。企业和组织应该在安全管理意识的传递和培养方面采用更加创新的方式，提高职工对于安全管理的重视程度。

（二）关于安全管理意识创新举措的研究

已有研究围绕企业安全管理的现状及实践，以提升企业安全管理意识为核心，提出了如下创新举措：一是注重对企业职工的安全教育培训，制定系统化的培训路径。[77]例如，部分企业创新安全管理教育方式，多渠道向职工传授安全知识，激发职工的安全管理意识和积极性。二是制定科学、可操作的安全管理制度，明确安全责任和工作流程，规范职工安全行为，从而提高企业安全管理水平。[78-79]例如，采用集中培训、分层培训、远程培训等方式，加强对职工安全管理意识的培训，提高职工安全意识和能力。[80-82]

三、关于安全管理责任的研究

通过对安全管理责任的研究，梳理安全管理责任的现状和趋势，挖掘和归纳安全管理责任落实中存在的核心问题。对安全管理责任创新举措的梳理，有助于企业明确责任分工，强化责任意识，为进一步落实安全管理责任提供借鉴。

（一）关于安全管理责任现状与问题的研究

随着国家对矿业安全开采监管力度和管理水平的不断提升，越来越多的安全生产技术和信息化技术运用到煤矿安全生产中。做好安全管理，必须认识到安全生产技术的重要性，不断加强安全生产责任制的落实，将岗位责任制落实到每一位职工身上，才能保证企业的安全生产。[83]

当前安全管理责任主要表现如下趋势：一是企业更加注重明确安全管理责任。[84-85]企业和组织对安全管理责任的重视程度不断提高，安全管理责任的明确性也得到了一定提升。二是安全管理责任压力增大。在国家对安全管理的加强监管下，企业和组织在安全管理方面的责任压力不断加大。一些行业的安全管理责任要求也在不断升级，如煤矿、石油、化工等行业的安全管理责任要求更加严格。[86-87]三是安全管理责任分工更加细化。[88-90]随着安全管理责任的不断强化，企业和组织在安全管理责任分工方面也有了较大进展。各级管理人员的安全管理职责已经具体化，不同部门的安全管理职责也明确分工，使得安全管理责任的落实更有针对性和有效性。

已有研究发现，在生产经营过程中，安全管理的实现有助于全体干部职工提升管理意识，提升矿井职工的整体安全素质，促进管理水平不断提升。当前安全管理责任存在的问题如下：一是组织结构责任不够明确可能导致现场作业中容易发生安全事故。[91]二是大多数研究强调了对责任人的追究,但是鲜有对其他职工的安全教育和处罚进行研究,人员互相厘不清责任,不能达到针对性处理结果,没有科学分析出现事故的原因,导致安全管理措施没有发挥真正的作用。[61]若是责任不清晰,则在处理现场安全问题时,容易使得事态恶化,最终还会影响生产质量和安全。

（二）关于安全管理责任创新举措的研究

安全管理的核心是落实安全责任。安全管理责任追究是为了消除安全隐患,根据常出现的不安全行为,制定相应的管理制度,对岗位职工和管理者提出更高要求,采取强制措施和手段,对可能发生的事故进行提前干预,杜绝安全隐患频繁出现。[92]

关于安全管理责任的创新举措,已有研究从两个方面进行了探讨:一是纵向方面,先将本单位从主要负责人一直到岗位工人分成相应的层级,然后结合本单位的实际工作,对不同层级的人员在安全管理中应承担的职责作出规定。[93]二是横向方面,按照本单位职能部门的设置,分别对其应承担的职责作出明确规定,参照安全生产"党政同责、一岗双责"和"谁主管、谁负责""谁审批、谁负责""管行业必须管安全、管业务必须管安全、管生产经营必须管安全"的原则。[94]作为本单位安全问题的统筹、牵头部门,安全管理部门除了管理生产现场的安全问题外,也应该将非生产现场的安全问题纳入单位统一管理,明确具体责任部门,并按照工作绩效考核办法进行考核。此外,还有研究就安全管理责任追究的对象、等级的认定以及处理内容等安全管理责任创新举措进行了探讨。[87]

四、关于安全管理标准化的研究

安全管理标准化是企业安全生产管理的重要手段,是规范企业安全管理行为、提高企业安全管理水平的有效途径。下文围绕安全管理标准化的现状、存在问题、创新举措进行文献综述,梳理安全管理标准化的现状和趋势,挖掘和归纳安全管理标准化构建存在的核心问题;通过对安全管理标准化创新举措的梳理,不断规范企业生产过程,提升企业生产质量。

（一）关于安全管理标准化现状与问题的研究

标准化是企业安全管理质量提升的重要方向和手段,通过对安全管理标准化研究的梳理,进一步加强对安全管理内涵的认识和理解。

通过对已有研究的梳理,当前安全管理标准化的现状和趋势表现出如下特征:

一是企业安全管理标准化建设不断推进,规范化程度得到加强。政府和企业推出了一系列安全管理标准化相关政策和文件，有效提升了安全管理标准化工作的规范性和科学性。[95]二是企业安全管理标准化水平有待提高。[96]虽然安全管理标准化建设得到了有力支持和推动，但仍然存在标准化水平参差不齐的现象。一些企业缺乏标准化建设的意识和能力，导致标准化水平较低。三是企业安全管理标准化建设成效不显著，往往只是形式上的标准化，实际效果并不明显。[97]

根据对安全管理标准化研究现状的分析，安全管理标准化建设存在如下问题：一是企业安全管理标准化体系建设不完善，难以有效指导企业安全管理行为。[98]二是企业安全管理标准化宣传力度不够，具体标准难以落地。企业在安全管理标准化宣传普及方面做得不够，很多职工对标准化建设的认识和理解仍然比较模糊，缺乏主动性和积极性。[99-100]三是企业安全管理标准化建设监督管理不到位，缺乏有效的监督和管理手段，导致标准化建设成效有限。[101]

（二）关于安全管理标准化创新举措的研究

为了解决安全管理标准化存在的问题，已有研究提出了不同的创新举措，主要包括以下几个方面[102-104]：一是政府为主导，企业积极参与，推进安全管理标准建设科学化，注重标准的实用性和可操作性，从而提高标准化建设效果。二是注重安全管理标准化宣传机制创新，多种宣传方式并用，提升安全管理标准化认知度。如集中培训、分层培训、远程培训等，加强对标准化建设的宣传普及，提高职工的标准化意识和能力。三是健全企业安全管理标准化建设监督管理机制，如内部审核、外部认证等，加强对标准化建设的监督管理，提高标准化建设成效和质量。

第三节　逻　辑　构　建

科学理论是指通过逻辑分析、实践验证等方法，对事物发展及规律形成正确的认识，是研究中较为系统性的知识，是科学研究的前提，对阐述研究思路、研究框架、剖析内因、解释现象、提供预测及启发等均具有重要意义。[105-107]对理论解释与研究内容适切性的论述，可以清晰地反映出研究的逻辑思路、因果关系。[108]实证研究中，理论可以帮助研究者解释概念间及变量间关系背后的逻辑。[109]确定研究的理论基础，对研究思路的展开、研究结构的设计以及研究方法的使用有着重要作用。

为更好揭示安全生产内在规律，完善研究安全管理的逻辑性和严密性，徐矿集团首次将生态系统理论导入安全管理工作,从微观系统、中观系统和宏观系统三个层面,创新构建起"意识＋责任＋标准化"的"三位一体"安全管理探索实践体系。

一、哲学思考

哲学思想史可以为追溯安全管理的理论构建奠定哲学基础。苏格拉底以其独特而深刻的提问方式,开启了西方哲学的新时代。在他的思想体系中,有三个重要的问题被誉为"苏格拉底灵魂三问",即"我是谁""我从哪里来""我到哪里去"。这些问题包含着对人类存在和发展的深刻探索,自古以来都是人类探索和研究的重要命题之一。对安全管理这一体系建设而言,首先要完成对自我的审视和评价,才能明确发展方向和实施策略。

(一)"意识"回应"我是谁"的自我认知和风险识别

苏格拉底问"我是谁",这个问题不是简单的身份认同,而是深入探讨个体的本质和自我意识。苏格拉底认为,真正的自我认知需要通过内省和思考来实现。他提倡人们反省自己的优点和缺点,挖掘内心的潜能和价值。通过这种自我认知的深入,人们可以更好地理解自己的价值观和目标,实现更高层次的个人发展。

"我是谁"这一问题要求个体深入认识自我,包括价值观、信仰、背景和特质。这种自我认知是安全意识的基础,安全意识涉及个体对自身身份、价值观和行为的认知,决定了对待风险和危机的视角。安全意识涉及识别潜在的风险和威胁,并采取相应的措施来减少风险。正确的自我认知和身份判断可以影响个体对风险的敏感性和对策略的选择。明确的自我认知可以帮助个体更好地进行风险识别。自我认知使个体更敏感于与他们的身份、价值观和目标相关的潜在风险,个体可以更全面、系统性地识别和管理各种风险,以做出明智的决策。

(二)"责任"回应"我从哪里来"的文化溯源和风险评估

苏格拉底对于人类存在的起源充满好奇,常常问"我从哪里来"。这个问题涉及宇宙和生命的起源,以及人类的精神和意识的来源。

"我从哪里来"这一问题要求个体深入剖析自己的起源和所处的文化背景。不同的文化和社会背景影响安全价值观,进而影响个体的安全责任。个人生活和工作产生的群体记忆、环境和地理因素、历史经验、社会经历,都会影响安全管理中的风险评估和责任构成,并进而影响在不同情境下履行不同的安全管理责任。因此,当进行文化溯源后,考虑个体对风险的感知和容忍度,可以更好地将文化因素融入综合风险管理策略中。管理系统需要将文化因素与其他因素（如地理环境、社会条件、企业氛围等）相互关联，综合进行风险评估，进而明确安全管理责任。

（三）"标准化"回应"我到哪里去"的目标导向和决策标准

苏格拉底对于人类存在的终点同样充满好奇："我到哪里去"？他认为结束并非终结，而是意识的延续。任何体系的构成，既是意识的回应，也是意识在现实的关照；同时体现出实践的智慧，在实践中，才能不断发展和成长，实现自我价值的最高境界。

"我到哪里去"问题涉及实践过程中要明确目标和方向。安全标准化在安全管理体系这一闭环中，能够回应安全意识的要求，指导和规范安全管理体系，回应安全价值的目标和方向。安全标准化涵盖个体在特定情境下采取的行为和决策的标准，可以帮助系统更好地管理潜在的风险，同时确立一致的最佳实践和规则，为安全管理工作提供指导和框架，为安全管理工作确定决策标准，在持续改进过程中建立信任感、可靠性、合规性。

二、理论逻辑

1960 年，在全球推动地球日的运动中，人类体会到自己与环境之间密切的互惠关系，开始把生态学知识融入社会工作实务中，得到了较多学者的认可与运用。[110]1970 年，生态系统理论（ecological systems theory）观点兴起并得到发展，融合了许多与社会工作相关联的人、社会的理论要素，是少数具有综合性、融汇性与折中性特色的社会工作理论之一。布朗芬布伦纳指出，事物发展所处的环境是一个完整的嵌套系统，每一个系统中嵌入了一个子系统，大系统中包含了一个或者多个子系统。[111]社会发展既会受到直接微观子系统的影响，也会受到其所处的微观子系统之外的中间系统甚至更大的社会系统的影响。[112]因而，他提出生态系统理论应包含直接的微观系统、间接的中观系统和宏观系统。由于生态系统构成的完善，其内涵涵盖了社会、组织和个人发展的各方面要素，因而该理论被大众所接受，并广泛应用于社会治理、组织发展和个人发展领域。[113-114]安全管理体系作为一套系统，也可以通过生态视角来探索不同系统间的互相影响、互相作用。[115]

综上所述，安全管理体系从生态系统来看，可以分为三个层次，包括宏观系统、中观系统及微观系统。[116]这三个系统影响总体活动，将安全生产管理置于一个系统环境中去考察，提高不同层次交互和适应，以促进多元化、支持性的安全管理体系构建。

（1）生态系统理论为安全管理体系建构提供了理论起点。[117-120] 以生态系统链为纵轴，以安全管理要素为横轴构建安全管理体系。落实政府、企业、社会、职工多主体责任，融合安全制度、督导问责、责任监督、监督考核、教育培训、标准构建等安全管理多关键要素构建安全管理体系。（见图3-1）

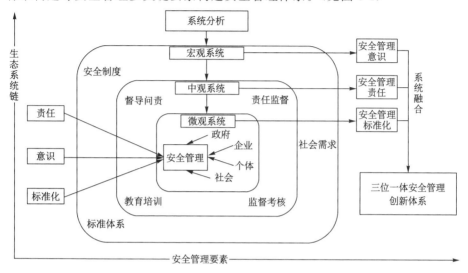

图3-1　安全管理体系建构

（2）意识作为思维抽取的普遍性规定是体系的宏观系统。意识是物质客体间关系发展到足够复杂之后，能够产生自我认知的主观意识体现。安全意识，是对工作环境、工作流程、安全规程等物质条件的反映，它来源于对安全风险和操作实践的认知。当安全管理意识产生之后，复杂物质客体如管理责任、管理标准化便具有反观客体世界以及反观自身行为逻辑存在的价值。安全意识通过影响人的行为和决策，能够对物质世界产生实际的改变，能够认识和超越这种由经济利益驱动的视角，重视职工的生命安全和健康。

（3）责任作为价值观和制度设计的衔接是体系的中观系统。责任来自道德形成。正如黑格尔所说，道德之所以是道德，全在于具有知道自己履行了责任这样一种意识。责任又指向制度构建。责任的明确为执行标准的确立给定了框架。因此，责任是安全管理的中观系统。安全管理的责任是明确安全管理过程中角色定位、关系协调、职责定位的关键所在。可以通过健全的制度设计、严格的奖惩机制、标准化的贯彻落实承接标准化的微观系统。

（4）标准化作为顶天立地的统一指向是体系的微观系统。标准化要"顶天立地"，既要有高度，引领高质量发展；又要有深度，能够落地实施。安全管理标准化是研究、推行安全管理一致化、规范化的工作,标准化的本质是"统一"。"协调"是实施统一的途径,"简化"是统一的方法,"择优"是统一的选择。物质的互换性是标准化给世界带来秩序,建立标准和符合标准是安全管理的必然要求,既可以为科学管理奠定基础,也可以促进安全管理全面发展,建立不同部门间的稳定秩序。

三、徐矿集团实践

徐矿集团以安全哲学思考为起点,创新融合安全管理与生态系统理论,从宏观系统、中观系统和微观系统的视角,分别对应解析安全管理意识、责任、标准学术内涵,探索构建"意识＋责任＋标准化"的安全管理创新体系。

（一）宏观系统视角

从宏观系统上看,围绕安全管理"政治、思想、行动"三个维度提升安全管理意识。一是重视学习,提升安全政治意识。系统研判安全形势,明晰安全管理路径;全面强化党的领导,统领安全发展方向;盯紧抓牢关键少数,把稳安全发展大局。二是多措并举,提升安全思想意识。发挥宣传教育作用,开展安全主题宣传;加强安全警示教育,开展讨论反思活动;全力发动全员参与,强化"三违"治理;规范日常安全教育,推动全员意识提升。三是上下齐力,提升安全行动意识。开展安全生产"走访转",汇聚安全管理智慧;丰富群众性安全活动,推动全员参与管理;开展安全生产劳动竞赛,选树安全管理典型。

（二）中观系统视角

从中观系统上看,围绕安全管理"分级、全员、考评"三个维度压实安全管理责任。一是压实分级管理责任,坚持安全刚性监察。建立安全垂直体系,实行研究会商机制;构建自主安全模式,深化"五型"班组创建;落实多措并举实践,打造分级管理特色。二是压实全员安全管理责任,确保安全责任到位。压实主要负责人责任,提升抓落实能力;压实技术负责人责任,履行技术保障职责;压实安全副职领导责任,做好风险防控治理;压实区队长、班组长责任,推动安全制度执行;压实职工保安责任,强化自我责任制度。三是压实考评安全管理责任,促进安全生产推进。坚持全员安全目标考评,强化安全正向激励;坚持安全生产一票否决,强化安全履职考核;坚持党委安全生产巡查,强化纪委专项检查;创新安全管理新模式,强化安全现场监管。

（三）微观系统视角

从微观系统上看,围绕安全管理"体系、操作、素质"三个维度健全安全管理标准。一是统筹细化,健全安全管理体系。推进全员安全标准,筑牢安全管理基础;健全工程质量标准,保障生命财产安全;健全技术管理标准,强化安全技术保障;健全安全监管标准,深化安全风险防控;健全设备管理标准,深挖降本增效潜能;健全岗位规范标准,提升现场达标水平。二是前瞻布局,深化科技保安体系。持续开展科技攻关,强化安全技术引领;创新安全防控制度,消除安全管理缺陷;重点探索智能化生产,提高安全效能上限。三是系统推进,完善素质提升体系。创新人才招引,提供人才支撑和智力支持;改革人才培养,赋能产业工人专业成长;优化安全教育,提高全员安全素质和技能;推行"乌金计划",助力职工素质重点提升;探索精准教学,补齐人才素质短板。

第四章　安　全　意　识

　　近年来,我国大部分企业将行为安全管理理论应用于安全管理,虽然在增强企业风险防范意识、普及职工安全知识方面起到了积极作用,但整体效果并不明显,国内特大重大安全事故依旧频频发生。事故调查表明,人的不安全行为是事故发生的主要原因,不安全行为的产生与职工安全意识淡薄、麻痹大意、投机取巧以及心存侥幸心理等密切相关。[121]在企业生产活动中,职工安全意识薄弱与安全事故的发生存在必然联系。因此,对安全管理过程中的职工安全意识进行深入分析与干预具有一定社会意义、经济意义和现实意义。

第一节　新时代安全意识

　　习近平总书记多次强调:"要牢固树立安全发展理念,始终把人民群众生命安全放在第一位,牢牢树立发展不能以牺牲人的生命为代价这个观念。这个观念一定要非常明确、非常强烈、非常坚定"①。提升安全意识,切实担负起"促一方发展、保一方平安"的政治责任,严格安全生产责任成为企业生产的重中之重。在新时代安全生产中,能源行业作为关键一环,要树立新时代安全生产意识,以"时时放心不下"的责任感持之以恒抓好安全生产,以有力有效举措维护人民群众生命财产安全。

一、安全意识的概念内涵

　　安全意识是指人们在进行有目的、有针对性的生产活动中,对工作环境中可能存在的人的不安全行为、物的不安全状态以及环境和设备的不安全状态的

---

　　①　中共中央党史和文献研究院:《习近平关于防范风险挑战、应对突发事件论述摘编》,中央文献出版社 2020 年版,第 229 页。

辨识和判断。安全意识作为一种意识形态,是增强安全工作的一种原动力,是指导职工进行安全生产活动最基本的要素。拥有较强的安全意识能够增加工作的可靠性和稳定性,降低事故发生的概率。目前,针对职工安全意识问题的研究主要分为四类:理论研究、实证研究、论述研究和相关性研究。研究内容以安全氛围、安全心理、安全态度为主。有的学者侧重于对职工安全意识进行实证研究,通过对不同行业的职工安全意识进行调查采样,运用不同的概率论处理方法,对职工安全意识的现状进行分析和描述。有的学者则侧重于理论研究,研究内容包括对安全意识、安全心理、安全态度等进行论述和简单探讨。其中包括学科交叉的研究方式,从控制学科的角度对安全意识进行研究。例如,李乃文基于系统动力学原理对矿工反生产行为进行了建模仿真研究。[122]杨辰飞对职工安全意识影响因素进行探索性因子分析,探究了影响因子之间存在的相关性。[123]

在现有研究与生产实践的基础上,本书将能源行业的安全意识定义为职工对安全生产问题的认识和重视程度。这种意识在生产活动中表现为一种对可能会对自己或他人造成伤害的外在环境条件保持戒备和警觉的心理状态。

二、安全意识提升的意义

随着经济的快速发展和工业化进程的不断推进,安全生产问题已经成为各行各业共同关注的焦点。作为一个历史悠久、规模庞大的行业,煤炭行业在为经济发展提供能源保障的同时,也面临着巨大的安全挑战。由于煤炭开采的特殊性质,生产过程中涉及的安全隐患较多,事故发生率相对较高,给从业人员的生命安全和企业的稳定发展带来了严重威胁。因此,以煤炭为代表的能源行业提升安全意识至关重要,它不仅关乎职工的生命安全和企业的稳定发展,还对社会和环境产生深远影响。

(一)安全意识提升能够落实以"人民为中心"的发展思想

坚持"以人民为中心",就要把安全生产作为一切工作的出发点和落脚点,保障职工的生命安全和职业健康权益,使职工在安全的环境中充分发挥首创精神,从而提升企业生产效益。这一理念的坚持,意味着将安全生产视为一切工作的核心和基础。只有确保职工的生命安全和职业健康权益得到保障,才能真正为他们创造一个安全、健康的工作环境,使他们能够充分发挥自己的首创精神和才能,进而提升企业的整体生产效益。同时,安全意识要求企业按照行业安全生产的标准和要求,通过一系列的教育和培训活动,提高职工队伍的整体素质,并培养他们自觉遵守规章制度的习惯。这样有助于最大限度地激发职工安全生产的积极性和主动性,使他们能够自觉地参与到安全生产的工作中,实现生产安全、事故杜绝、伤害减少的目标。

(二)安全意识提升能够实现行业的安全生产

对于能源企业来说,安全是底线,是必须坚守的原则。只有通过深入的安全意识教育,使职工真正意识到安全的重要性,他们才能在生产实践中严格遵守安全规定,遵循技术要求和作业程序。这样,不仅可以减少事故的发生,还能确保企业的稳定运行和职工的生命安全。事实上,无论设备多么先进,如果使用者缺乏足够的安全意识和操作规范,仍然有可能发生事故。反之,即使设备不是最先进的,但只要企业注重设备的维护保养,确保设备处于良好的工作状态,同样可以有效地避免重大事故的发生。此外,安全意识不仅仅关乎个人,还涉及团队的合作和整体的安全管理。职工的安全意识、工作责任心、劳动纪律、技术作业标准以及群体安全等方面,都需要依靠人的控制和管理能力来实现。这需要企业建立健全安全管理体系,加强安全培训和教育,确保每一个环节、每一个职工都能严格遵守安全规定,共同营造一个安全、和谐的工作环境。

(三)安全意识提升能够助力企业自身发展

在能源企业中,确保生产安全是首要任务,而要实现这一目标,全面提升职工的安全意识是关键所在。只有当职工深刻认识到安全工作的重要性,并将其内化为自己的行为准则时,企业的生产安全才能真正得到保障。为了达到这一目标,需要从职工的思想入手,深入分析职工的思想动态。这意味着要及时了解职工对于安全的认识和态度,以及其在工作中可能面临的安全隐患。通过超前分析预测事故发生的概率,掌握事故发生的规律,可以对潜在的安全风险进行定性和定量的分析评价。基于这些评价结果,可以制定相应的预防措施和应对策略,从而有效地防止和消除事故的发生,确保企业的安全生产。在这个过程中,提升职工的安全意识和加强企业的安全管理水平是相辅相成的。只有职工在生产作业过程中严格遵守作业规程,时刻保持对安全的警觉,企业的安全管理才能发挥出最大的作用。因此,提升安全意识不仅是为了保障职工的生命安全和企业的稳定运行,更是为了推动企业自身的持续发展。只有当安全意识深入人心,成为企业文化的重要组成部分时,企业才能在激烈的市场竞争中立于不败之地。

三、安全意识的构成要素

安全意识的概念要素、知识要素、制度要素和行动要素是构成安全意识的重要组成部分,它们相互关联、相互影响,共同构成了安全意识的完整体系。只有全面提升这四种意识，才能有效地应对各种安全挑战，确保企业的稳定发展和职工的生命安全。

（一）安全意识的概念要素

概念要素是指对于安全的基本认识和理解，包括对于安全问题的定义、性质、特点和原因等方面的认知。人们需要清晰地理解什么是安全问题，以及如何辨识和评估安全风险，这是形成安全意识的基础。首先，对于安全问题概念的认知涉及的是生命、财产和环境的安全。任何可能对人的生命、健康和福祉造成威胁或损害的因素，都应被视为安全问题。其次，是对安全问题的性质的认知。安全问题可能表现为不同的形式，如事故、疾病、自然灾害等，但它们都有一个共同点，那就是可能对人的生命和健康造成伤害。此外，还包括对安全问题特点的认知。安全问题通常是潜在的，不容易被察觉，因此需要职工时刻保持警觉，及时发现并处理。同时，对安全问题原因的认知也是至关重要的。只有深入了解问题的根源，才能找到有效的解决方案，从而真正地解决问题。总之，概念要素作为安全意识的基础，提供了理解和处理安全问题的框架。只有对安全问题有了清晰的认识和理解，才能有效地预防和处理各种安全问题，从而保障我们的生命和财产安全。

（二）安全意识的知识要素

安全意识中的知识要素主要指人们对于安全知识和技能的掌握程度，具体包括安全操作规程、应急救援措施知识以及危险源辨识知识。首先，安全操作规程是知识要素的基础。它涉及各种设备、工具的安全使用方法，以及在特定工作环境下如何采取安全措施等。其次，应急救援措施知识是树立安全意识的必备知识。无论是火灾、地震还是其他自然或人为的紧急情况，都需要能够迅速、准确地采取相应的救援措施。这不仅关乎个人的安全，更关乎团队的协作和整体的安全。此外，危险源辨识知识是安全意识的重要知识。例如，在煤矿生产中，职工需要对化学品、高压设备、机械伤害等各种风险源进行识别与了解。总之，知识要素为应对安全问题提供坚实的基石。只有真正掌握了这些安全知识和技能，才能在工作中做到游刃有余，有效地保障自己的安全和他人的安全。

（三）安全意识的制度要素

安全意识中的制度要素主要是指企业为确保安全生产而建立的一系列安全管理制度和规范。这些制度和规范涉及从管理层到基层的每个职工，涵盖了生产、管理、培训等多个方面。安全生产责任制是其中的核心制度，明确了各级管理人员和职工在安全生产中的职责和任务。通过将安全责任具体化、明确化,确保每个职工都清楚自己的安全职责,从而在工作中始终保持高度的警觉和责任感。安全操作规程则是针对具体的工作岗位和操作过程而制定的,详细规定了操作步骤、安全要求和应急处置措施,确保职工在工作时能够遵循正确的操作方法,避免因操作不当而引发安全事故。应急预案是为了应对突发事件而制定的紧急处理方案,包括应急组织、通信联络、现场处置、救援措施等方面的内容,旨在快速、有效地应对各种紧急情况,最大限度地减少人员伤亡和财产损失。通过定期的演练和培训,确保职工熟悉应急预案的内容和实施流程,提高其应对突发事件的能力。制度要素在安全意识中占据着重要的地位。只有不断完善和执行这些制度和规范,才能确保企业或组织的生产安全,为职工创造一个安全、健康的工作环境。

(四)安全意识的行动要素

安全意识中的行动要素是指人们在生产或生活中的实际行为表现,包括遵守安全规章制度、执行安全操作规程、采取安全防范措施。首先,遵守安全规章制度是每个职工的基本义务。安全规章制度是为了保障职工的人身安全和企业的稳定发展而制定的,它涉及生产、管理、培训等多个方面。职工应该时刻牢记这些规章制度,严格遵守并执行。其次,执行安全操作规程是每个职工的基本职责。安全操作规程是根据工作岗位和操作过程而制定的,它规定了正确的操作步骤、安全要求和应急处置措施。职工在工作中应该严格按照操作规程进行操作,不得擅自更改或忽略任何步骤。此外,采取安全防范措施也是重要的行动要素之一。在日常工作中,职工应该时刻保持警觉,及时发现并消除各种安全隐患。这包括定期检查设备、维护保养工具、遵守作业现场的安全规定等。通过采取有效的安全防范措施,能够降低事故发生的概率,保障生产过程中的安全可控。总之,行动要素是人们安全意识的具体体现。通过在实际生产或生活中遵守规章制度、执行操作规程和采取防范措施等行为,能够有效地衡量人们的安全意识水平。只有将安全意识融入日常工作中,时刻保持高度的警觉和责任感,才能真正做到安全生产、生活无忧。

第二节　提升政治意识

政治意识是各级党组织和全体党员在政治立场、政治方向、政治信仰、政治纪律等方面必须遵守的规矩。增强政治意识是安全生产中必须具备的首要素质。在具体工作中,一定要坚决贯彻落实习近平总书记重要讲话精神,在意识上、思想上、政治上始终与党中央保持高度一致。不断增强政治意识、大局意识、核心意识、看齐意识,让党和人民放心。

一、系统研判安全形势,明晰安全管理路径

深入学习贯彻习近平总书记关于安全生产的重要论述、重要指示批示精神,认真落实党中央、国务院决策部署,科学研判安全生产工作形势,有效化解重大安全风险,才能确保企业安全生产形势稳定。徐矿集团把习近平总书记关于安全生产系列重要论述和指示批示精神作为企业安全生产的根本准则和行动指南,把构建"意识＋责任＋标准化"安全管理体系作为贯彻习近平总书记关于安全生产重要论述的根本实践,坚持"职工至上、生命至上"理念,统筹好发展与安全,紧紧抓住安全意识、安全责任和安全标准三个核心环节,树牢安全发展理念,提升全员安全意识,压实全员安全责任,规范岗位操作标准化,全面推进安全生产治理体系和治理能力现代化,全面实现集团公司零重大隐患,煤矿企业零重伤、零突出、零超限、零发火、零冲击、零水害,非煤企业零轻伤的"八零"安全目标。

二、全面强化党的领导,统领安全发展方向

党的十九届三中全会对完善坚持党的全面领导的制度作出重大部署,强调加强党对各领域各方面工作领导,确保党的领导全覆盖,确保党的领导更加坚强有力。"全覆盖"强调党的领导范围,"更加坚强有力"强调党的领导力度。党的二十大报告把"坚持和加强党的全面领导"列为前进道路上必须牢牢把握的"五个重大原则"之首,并强调"党的领导是全面的、系统的、整体的,必须全面、系统、整体加以落实"。坚持和加强党的全面领导,能够确保企业现代化建设正确方向,确保企业拥有团结奋斗的强大政治凝聚力、发展自信心。徐矿集团在转型发展的关键时期,人心不稳、方向不明,安全形势严峻。新一届集团领导班子坚持以"五满"治企理念为总引领,充分发挥党委"把方向、管大局、保落实"领导作用,牢固树立"安全红线"意识,坚持把安全摆在高于一切、重于一切、先于一切的位置,涉及安全生产重大事项由党委会专题研究;把习近平总书记关于安全生产重要论述精神纳入党委中心组学习的重要内容,紧紧围绕习近平总书记关于安全生产重要论述、重要指示批示精神和上级各项要求部署安全工作,统领安全发展方向。

三、盯紧抓牢关键少数,把稳安全发展大局

2022 年 1 月 27 日,国务院国资委召开中央企业安全生产工作视频会议,应

急管理部副部长宋元明出席会议并讲话。讲话要求企业要按照"理直气壮、标本兼治、从严从实、责任到人、守住底线"的要求，真正统筹好企业的安全与发展。要强化主要负责人作为安全生产第一责任人的责任，树牢安全发展理念，提升履职能力，支持分管安全负责人全力做好本单位安全生产工作。分管安全副总和安全部门负责人要更加主动作为，切实做好主要负责人的参谋助手，健全安全管理机制，严把安全关口，有效防范重大安全风险。徐矿集团产业涉及领域多、辐射范围广，重点要抓住基层单位领导层等关键少数，督促其在安全管理工作中履职尽责。集团公司每年年初与基层单位主要领导签订安全生产目标责任书，明确安全生产责任与目标，年末向集团公司述职，报告年度安全生产履职情况，重点包括安全意识的强化、安全生产责任制和管理制度的落实、安全风险分级管控、隐患排查治理、安全投入、安全教育培训、安全生产标准化建设、职业健康管理和应急管理等方面情况。基层单位分管安全领导定期、如实向集团公司安全监察部报告本单位重大安全风险及管控措施落实情况、主要隐患排查及整改情况、上级部门安全监察执法情况、发生的安全生产事故和重大险情。

【典型案例】

江苏华美热电有限公司"五大理念"推动安全意识常态化

江苏华美热电有限公司以高质量发展为主题，坚持"全面领先"目标，以"五大理念"推动安全意识常态化，先后荣获"全国青年安全生产示范岗""全国煤炭工业文明单位"等荣誉称号。

1. 政治引领理念

把"意识＋责任＋标准化"安全管理体系建设作为习近平总书记关于安全生产重要论述在公司落地生根的具体表现，坚持安全就是最高政治、最大发展、最好民生，坚守"发展决不能牺牲人的生命安全"安全红线，定期举办党委中心组学习，适时通过安全生产委员会、办公会和调度会宣贯，指导全体干部职工进一步提升安全政治意识、安全思想意识和安全行动意识，把安全摆在"高于一切、重于一切、先于一切"的位置来统筹安排现场生产工作。

2. 底线思维理念

树牢"两个至上"理念，做到安全生产不碰红线、严守底线。通过公司领导安全大课、外聘专家安全讲座、发放书籍、安全宣誓和周安全活动等形式，扎实做好安全生产法宣贯工作，定期开展消防法、职业病防治法等法律法规安全教育，提升全员守法意识。

3. 基础生产理念

深入贯彻落实《新时代徐矿集团产业工人队伍建设改革实施办法》《徐矿集团产业工人队伍建设改革十条》等文件精神,全力打造一支技艺超群、素质过硬、敬业爱岗的高技能人才队伍,每年举办产业工人技术比武活动,牢固夯实安全生产基础。

4. 文化学习理念

积极践行"安全是文化"理念,围绕"意识＋责任＋标准化"安全管理体系,组织开展"安全生产月""百日安全""12·8安全生产警示教育"等安全活动,大力营造"和谐守规"安全氛围,积极引导职工树立"生命至上、安全第一"安全价值理念,营造浓厚安全氛围。

5. 个体提升理念

建立健全法律法规、政策要求、集团安全理念、专项整治等应知应会题库,通过年度从业资格考试、季度应知应会线上考试和重要时段每日一题等活动,提升全员守法履职能力。

第三节　提升思想意识

安全思想意识提升是加强安全管理的关键一环。企业要引导职工牢固树立"安全第一,预防为主,综合治理"的安全思想,切实发挥宣传教育、警示教育、行动教育等载体效果,全面提升职工做好安全生产工作的自觉性、积极性和主动性。

一、发挥宣传教育作用,开展安全主题宣传

安全生产宣传教育是做好安全生产工作的前提和基础,是从源头防范安全事故的根本要求,更是动员全体职工认可、支持、实践安全生产工作的重要渠道。徐矿集团将安全生产宣传教育工作放在安全思想意识提升的首位,在《徐州矿工报》开设安全360、安全纵横等专栏,利用"徐矿传媒"微信公众号定期发布安全生产知识、安全生产形势,开展形式多样的安全主题宣讲,自主编写的"贯彻安全新思想　推进发展高质量"课程入选江苏省干部教育培训名师名课140门课程推荐目录。各基层单位在工业广场、会议室、井上下口等建立安全宣传阵地,大力宣传安全目标、常识和工作新要求,推进安全文化由地面工厂向采掘面、区队、班组延伸;设立安全曝光平台,对安全不履职行为、违章行为、安全隐患予以通报,凝聚安全共识,传递安全主流声音。

二、加强安全警示教育，开展讨论反思活动

安全警示教育是个人或者机构出现安全事故后，对公众或相应人员进行的一种教育方式，其主要目的在于通过前车之鉴，加深公众对事故隐患的认识和警惕，增强风险防范意识，防止类似的事故发生，起到"治未病"的作用。徐矿集团常态化开展典型事故案例警示教育、"12·8安全生产警示教育"等活动，推动安全警示教育常态化、制度化。针对同行业内发生的安全生产事故，基层各单位组织全员围绕"事故为什么会发生？事故的原因是什么？职工在操作过程中有没有进行隐患排查？有没有类似的情形？有没有开展安全预想？事故可不可以避免？如何采取防范措施？我如何接受教训？我在安全工作中承担什么职责？安全为了谁？"等十个方面内容开展事故案例安全大讨论、大反思活动，人人书写反思材料并上墙，教育职工认清形势，深刻汲取事故教训。

三、全力发动全员参与，强化"三违"治理

安全生产管理的全员参与指的是在企业或组织中，每个职工都对安全生产负有责任，不论其所处岗位和职责是否与安全生产管理直接相关。全员参与有助于及时发现问题并找到问题的根源，将问题消除于萌芽状态；有助于增强团队意识，促进相互协商合作、解决问题，提高企业竞争力；更有助于构建良好的安全文化，将安全生产意识生根发芽、落实转化。因此，找到安全生产管理工作切口，全力发动全员参与十分必要。"三违"是造成各类事故的根源，也是影响企业安全发展的"顽症"。徐矿集团把"三违"治理作为标本兼治之举、长治久安之策，制定完善《徐矿集团职工不安全行为标准》《"三违"管理制度》，月初对单位领导、管理人员下达"三违"治理指标，重点对职工在安全生产过程中的"三违"进行治理，还赋予职工举报、制止"三违"的权力。对一般"三违"人员按追查分析、停班学习、行政处罚、建档立卡"四关"进行处理；严重"三违"人员按追查分析、停班学习、帮教提高、行政处罚、张榜公布、现身说法、家属签字、建档立卡"八关"进行处理；对典型"三违"进行公开追查，深入剖析违章原因，真正从中吸取教训。探索"三违"治理新模式，推行无"三违"区队、班组创建和季度评选，授予无"三违"区队、班组锦旗。

四、规范日常安全教育，推动全员意识提升

日常安全教育是将安全教育深嵌到全体职工的日常工作中，对职工进行"全员、全过程、全方位"的"三全"安全教育，具有全员化、全程化、多角度化和形式多样化等特点，达到潜移默化、润物细无声的教育效果。徐矿集团坚持班前

十分钟、区队周安全活动、单位月安全办公会和煤矿月安全大课等日常安全教育手段,推进干部职工日常安全教育工作科学化、规范化、实效化,促进干部职工安全意识和安全技能提升。

【典型案例】

江苏华美建设投资集团有限公司"四个维度"筑牢安全意识根基

江苏华美建设投资集团有限公司深刻学习习近平总书记关于安全生产重要论述,以"四个维度"筑牢企业安全意识根基,推动安全治理能力和水平提升,荣获集团公司安全管理体系建设工作"优胜单位"称号。

1. 开展安全专题宣讲,强化理论武装

在北站东项目部开展"安全生产月"启动仪式,通过主讲人提问、现场听众交流讨论,安全签名宣誓等互动形式,充分调动与会人员的积极性与参与感。把观看专题片《生命重于泰山》列入学习计划,加大宣传贯彻《安全生产法》力度。强调安全主体责任落实到全员全岗位,贯穿施工全过程各方面,切实担起安全生产"第一责任人"责任,严格履行安全生产管理人员七项职责。

2. 营造安全生产氛围,打造安全宣传街

全方位多形式抓好安全教育,在项目现场发放安全宣传单,引导现场施工人员自主学习安全生产知识。在施工场地搭建"安全走廊",通过设置展板、张贴画报等形式,宣传真实生动的安全警示案例,时刻提醒职工牢记安全生产口号和要求,增强安全防范意识,引导职工监督企业和主要负责人落实安全生产责任情况。

3. 围绕安全隐患排查,开展实战演练

围绕安全生产、应急救援和防灾减灾救灾等内容,组织开展工地实战演练。重点宣传讲解安全生产操作流程和规范、可能出现的风险和隐患、安全生产知识和技能等必备常识,提升应急处置能力,强化一线职工应急意识和事故处置能力,鼓励职工分享安全生产中的经验做法,促进全体职工在交流中进行借鉴提升。

4. 统筹利用各类载体,拓宽学习渠道

组织开展"送安全到基层"主题活动,为基层项目部职工播放安全生产视频,普及《安全生产法》等相关法律知识,强化现场安全管控。各项目部组织施工人员认真观看安全生产警示教育片、专题展,以安全警示案例回顾、重点安全知识讲解为辅助,全力抓好安全防范工作,切实把学习安全知识成果转化为推动安全发展的工作实效。

第四节　提升行动意识

行动意识是将安全意识落地生根的核心与关键。在安全意识培养中，行动意识有助于提高职工的安全操作技能和应急处理能力、培养职工之间的互助协作精神以及帮助企业建立完善的安全管理体系。职工的安全意识和行动是安全管理的重要组成部分，通过提升行动意识，企业可以进一步完善安全管理制度，加强安全监管和考核，提高整体的安全管理水平。因此，提升行动意识对于企业的安全生产至关重要。

一、开展安全"走访转"，汇聚安全管理智慧

汇聚安全管理智慧，形成统一的安全价值观和行为准则，有助于不断提升职工的安全意识和操作技能，提高企业的安全管理水平和竞争力。因此，企业应积极开展安全知识和经验的交流与分享，激发职工的创新力和协作精神，共同推动企业安全生产的长足发展。2017年，徐矿集团新的领导班子上任后，坚持问题导向，坚持问计于民，在全集团范围内广泛开展以"走进基层、走进职工、走进困难群众，访民情、访问题、访对策，转变作风、转换思路、转型发展"为主要内容的"走访转"活动，围绕企业转型发展实际，与职工交心、帮基层解困、为企业谋策，持续加强和改进新形势下职工群众工作，察民情、汇民智、解民忧、聚民力，是徐矿集团近年来谋划发展、推动安全的工作总抓手。坚持走下去，实行领导干部分线包保制度，集团公司领导和机关部门包保基层单位，基层单位领导和部门包保基层区队，基层区队干部包保班组，班组长包保岗位，一级包保一级、一级负责一级，形成保安全强大合力。在安全生产特殊时期推行领导驻点蹲守制度，单位至少一名主要领导在岗在位、安全生产线领导不得同时休假，确保现场管控到位。

二、丰富群众安全活动，推进全员参与管理

职工是企业的基础，只有当职工真正参与到安全管理中，才能更深入地理解安全规定和要求，认识到自身和他人的安全问题，并采取相应的预防措施。推进全员参与安全管理有助于提高企业的凝聚力和向心力，对于提升企业行动安全意识十分重要。企业应积极鼓励职工参与到安全管理中，发挥职工的主体作用，增强职工的安全意识和责任感。只有这样，才能真正实现安全生产的全面覆盖和管理，确保企业的可持续发展。徐矿集团开展"安全生产月"、逢"8"防

尘日、女工"二道防线"等形式多样的安全活动,使职工更好地掌握安全生产知识、参与安全管理,杜绝违章作业。发挥职工代表、群众监督员参与企业安全管理的职能,定期开展安全检查,监督作业现场落实安全生产法律法规和管理制度的执行情况。团委组织开展青年安全监督岗活动,设立青安分岗,每旬开展一次安全检查、"零点行动"。组织党员开展身边无"三违"、无隐患、无事故活动,带头自觉执行岗位行为规范,发挥模范带头作用。职工现场同组作业人员进行安全互保联保,同组施工人员相互监督、相互提醒。

三、开展安全绩效竞赛,选树安全管理典型

典范在提升安全行动意识中具有关键作用。通过树立安全行为榜样,激发职工的积极性和创造力,使职工明确安全目标并为之努力。团队领导的示范作用也不可忽视,他们应以身作则,引导职工规范操作。此外,典范有助于形成良好的安全文化氛围,让职工深入理解安全文化,形成共同的价值观念和行为准则。通过这些方式,不断提升职工的安全意识和操作技能,提高企业的安全管理水平和竞争力。因此,企业应重视典范的作用,积极培养和发掘安全行为榜样,推动企业安全生产的长足发展。徐矿集团常态化开展安全生产劳动竞赛,选树安全优胜单位、区队、标兵,评选精品工程、样板头面等安全管理典型。每年评选出安全优胜单位 10 家、安全优胜区队 20 个、安全优胜标兵 20 人、精品采煤工作面 8 个、精品掘进工作面 16 个、精品运输一条线 4 个、精品机电主要固定设备场所 4 个,在绿色转型重点工程方面寻求突破,在技术创新创效方面加强攻关,每年拿出 300 余万元进行嘉奖鼓励,营造了良好的安全氛围。

【典型案例】

江苏新鹏能源科技有限公司"三个层面"强化意识倒逼机制

江苏新鹏能源科技有限公司认真履行党管安全责任,把贯彻"意识＋责任＋标准化"安全管理体系作为政治任务来抓,通过"三个层面"提升安全生产意识,强化安全责任倒逼机制。

1. 宣传教育

知是行的先导。坚持逢会必讲,通过班前会、事故案例教育等形式,引导职工充分认识到不安全的危害性和做好安全的重要性、必要性,进一步提升职工安全意识。

2. 技能培训

学是做的基础。先后组织开展线路工、编网工、锚杆工等技术培训,让职工

知道岗位工作标准,改变了职工凭着感觉走的惯性思维,使职工清醒地认识到工作标准是什么、应该怎么做。

3. 制度约束

健全完善一系列安全管理制度,在干部选拔任用、评优评先、经济考核等方面,提高违章的成本,倒逼安全意识的提升。通过"教育＋培训＋机制"三项措施,全员的安全意识有了明显提升,公司上下形成了"三讲三必须"的安全共同认知:讲政治,贯彻上级安全方面的决策部署,必须旗帜鲜明;讲责任,对于安全对公司生存发展决定性作用的认识,必须清醒到位;讲以人为本,决不能以牺牲人的生命为代价这条红线,必须不可逾越。

第五节　三种意识协同,引领安全管理新形态

政治意识、思想意识、行动意识是提升安全意识的核心要素与关键部分,实现三者耦合协同,打造"三识协同"的安全意识提升机制,能够全面提升职工对安全的认识和重视程度,促进其在思想上认同安全、在行动上落实安全,从而形成一种积极主动的安全管理氛围,有助于引领安全管理新生态。

一、专项巡察促安全政治意识提升

政治意识在"三识协同"中起到引领作用。它能够使职工明确国家安全法律法规的要求,理解企业的政治担当和社会责任,从而在思想上树立正确的安全观。政治意识还能够激发职工的使命感和责任感,使他们更加积极主动地参与到安全管理中。徐矿集团把安全作为最大政治、最大发展、最大民生,摆在高于一切、重于一切、先于一切的突出位置,安全政治意识入脑入心入行。始终把习近平总书记关于安全生产重要论述、重要指示批示精神和上级各项安全工作部署作为安全工作的总指引,遵章有序开展安全生产工作,率先探索开展安全环保专项巡察,完成对全集团煤炭、电力、煤化工等25家企业安全环保专项巡察。旗帜鲜明讲政治、全力以赴保安全在全集团上下蔚然成风,省内企业连续5年实现了安全生产。

二、宣传教育促安全思想意识提升

思想意识在"三识协同"中起到基础作用。它能够使职工认识到安全的重要性,理解安全与生产、效益的密切关系,从而在思想上牢固树立安全第一的观念。通过培养职工的风险意识和预防意识,他们更加自觉地预防安全事故的发

生。通过《徐州矿工报》、"徐矿传媒"微信公众号等宣传媒体,宣传发布安全生产相关知识、集团公司安全生产形势,开展系列安全警示教育活动、安全大讨论,不断提升干部职工安全思想,"人人讲安全、人人抓安全、人人保安全"的思想共识在全集团上下迅速强化。加强特殊、敏感时期安全管控和宣传教育,实现了本部关井闭坑、重大全国活动和节假日等重点时段安全稳定。徐矿集团张双楼矿被评为2020年江苏省"安全生产月"活动先进单位。

三、上下协同促安全行动意识提升

行动意识在"三识协同"中起到关键作用。它能够使职工在行动上落实安全措施,提高应对突发情况的能力,从而在实际工作中减少事故发生的可能性。通过规范操作习惯和互助协作精神的培养,能够增强团队的凝聚力和战斗力,共同应对各种安全挑战。常态化、制度化推进"走访转"活动,徐矿集团领导干部发现问题、解决问题的能力显著增强,能够及时化解重大风险隐患。基层领导班子成员定期向集团公司进行安全生产述职,领导班子安全判断力、执行力不断提高。区队、班组职工在现场施工过程中能够遵章作业,严格执行安全包保、职工联保互保、单项工程"四不干"等制度,安全生产事故、不安全行为明显减少。全集团上下保安全的强大合力空前凝聚。

徐矿集团通过实现政治意识、思想意识、行动意识的耦合协同,打造出一种全面、深入、持久的安全意识提升机制。这种机制能够激发职工的内在动力,推动企业形成良好的安全文化氛围,引领安全管理新生态的发展。同时,企业通过持续改进和完善这种机制,不断提升安全管理水平,为企业的可持续发展提供有力保障。

【典型案例】

徐州华东机械公司安全管理"五化五提高"

徐州华东机械公司以系统思维谋划全局,创新思维工作,形成了"五化五提高"的安全管理模式,2020年、2021年连续两年荣登中国煤炭机械工业"50强"榜单。

1. 学习全员化,增强安全意识

每周制订安全学习计划、学习提纲,通过党委中心组学习会、党支部书记例会等形式深入学习习近平总书记关于安全生产重要论述和集团公司党委关于安全工作指示精神等内容,专门定制"意识＋责任＋标准化"学习记录本,扎实做好安全学习工作,传达上级安全生产相关内容,增强全员安全意识。

2. 宣传常态化,提高宣传成效

利用宣传栏、"魅力华东"微信公众号、微信群、LED 电子屏幕、条幅等,大力宣传习近平总书记关于安全生产重要讲话精神以及中央、省市和集团公司有关安全会议、文件等内容,营造浓厚的安全氛围。

3. 交流互动化,提高安全能力

公司党委中心组成员每月交流研讨,机关管理人员和基层领导干部每周交流研讨,一线职工每日交流研讨。通过研讨交流,相互学习借鉴,提高安全能力。

4. 考试层次化,提高学习效果

分三个层次对公司党委中心组成员、各级管理人员和一线职工每周进行考试,实行周考试、旬公示、月评比奖励,激励全员的学习积极性、主动性,提高全员学习效果。

5. 培训专业化,提高安全技能

采取邀请专家授课和新媒体宣教等形式,分批分期组织安全管理人员、班组长、特殊工种、劳务派遣工等人员进行安全技能培训,确保实现安全教育覆盖率 100％,做到了全员培训。

第五章 安 全 责 任

责任,作为安全管理的重要组成部分,对于预防和减少安全事故具有至关重要的作用。然而,在实际工作中常常发现,许多职工对于安全责任存在模糊认识,甚至存在推诿扯皮的现象。这种责任的缺失不仅削弱了安全管理的效果,也给企业的安全生产埋下了隐患。因此,明确并落实每个职工的安全责任,建立健全责任追究机制,成为当前安全管理亟待解决的问题。

第一节 新时代安全责任

习近平总书记在 2013 年 11 月 24 日考察黄岛经济开发区黄潍输油管线事故抢险工作时强调,这次事故再一次给我们敲响了警钟,安全生产必须警钟长鸣、常抓不懈,丝毫放松不得,否则就会给国家和人民带来不可挽回的损失。必须建立健全安全生产责任体系,强化企业主体责任,深化安全生产大检查,认真吸取教训,注重举一反三,全面加强安全生产工作。企业安全生产主体责任落得实,企业形象才树得好,品牌才打得响,竞争力才能强,效益才能最大化。实现安全生产是企业的永恒主题,压实安全管理责任是保证安全生产的有效措施,建立适合企业发展实际、运转顺畅高效的安全管理责任体系是保证安全生产的重要课题。

一、安全责任制的概念内涵

安全责任制是企业的一项基本管理制度,是企业各岗位人员对安全生产所负责的工作和应承担的责任的一种制度。通过明确安全生产责任主体,保障职工的身体健康与生命安全。安全责任制规定各管理人员、技术人员、生产工人的安全生产职责范围,使企业在做好生产工作的同时保证职工的安全与健康,在完成生产任务的同时制订安全措施计划,在布置、检查、总结和评比生产的同时把安全工作列为重要内容,从组织上、制度上体现安全与生产的统一性。

1963 年,我国首次在《国务院关于加强企业生产中安全工作的几项规定》中提出安全生产责任制。该规定指出,企业单位的各级领导人员在管理生产的同时,必须负责管理安全工作。2014 年修正的《中华人民共和国安全生产法》在安全生产工作的理念、策略、模式、方法等诸多方面产生了新的转变、突破和要求,并且在高度上对责任制体系有了详细的要求。目前,关于责任制的研究大多与行业相关,部分学者研究企业责任制的优化和完善,主要体现在落实企业问责、强化政府监管责任方面;部分学者构建安全生产制度,进而落实责任制;部分学者就责任制工作中落实不到位的原因进行系统分析,并根据各自的认识和工作经验提出有效的对策措施[124];部分学者就企业与社会责任挂钩进行研究,并从安全观的视角来构建新型的社会责任的层次模型[125];部分学者通过模型分析证明了如果企业承担一定的社会责任是对企业的利润和价值有好处的[126]。随着研究的不断深入,国内外关于安全责任制的研究范围不断增大。例如,Raufflet 等人对事故发生后的研究主要集中在责任主体的追究上[127];刘冲等人构建事故影响因素并根据事故事实评判因素,结合变权综合理论、AHP 法等方法,对责任主体的责任进行绩效评估[128];魏宏森等人在研究责任制的落实上,结合责任制的内涵和实践等方面分别提出了相关的责任制落实对策[129]。

二、安全责任制落实的意义

第一,安全管理责任制落实能够促进安全生产方针切实执行。完善的安全责任方针不仅包括生产的具体行为,还包括开发人员在生产过程中所要明确的具体行为以及企业的活动内容,责任制落实规范了企业的安全设备、施工行为、开采条件以及开采者的具体行为。这些明确的规范有助于开采者进行有效工作,规范企业和个人行为。

第二,安全责任制落实能够实现行为规范切实推广。众所周知,安全事故的发生常常具有较高的破坏性,会给企业带来严重的经济损失甚至人员伤亡。责任制落实,能够提高生产的安全性,帮助企业规范开采行为,从而减少安全事故发生的频率,更好地节约资金,使其获取更高的经济效益,进而实现行为规范切实推广。

第三,安全责任制落实能够助力经济效益显著提升。安全制度是以维护企业生产安全为目的,人为制定的针对生产经营活动中不同层级群体的一系列行为规则的合集。近十多年来,企业在规范安全管理过程中产生了大量的责任制度,有效落实责任制不仅有助于降低管理成本、优化管理氛围,更重要的是能够对企业的经济效益产生显著的积极影响。当每个职工都能明确自己的安全职责,并在日常工作中切实履行这些职责时,企业的整体运营效率将得到提高,事故率将显著降低,从而为企业带来更大的经济效益。

三、安全责任制的构成要素

第一,安全责任制的制度要素。企业要锚定标准化管理体系一级制度目标,坚持"管理、装备、素质、系统"并重,多措并举、强基固本、提高水平。单位主要领导是标准化创建第一责任人,要亲自组织、谋划推进;分管领导负责各自范围内的制度标准化创建,要各司其职、指导创建。各单位要分阶段确定达标规划制度目标,分级实施,逐项落实,严格执行领导参与旬检查、月考核制度,定期召开现场会、推进会、点评会。实行动态安全检查和季度集中验收考核制度,推进样板工程、示范岗位创建评选活动,促进安全管理责任制全面达标。[130]

第二,安全责任制的培训要素。生产活动中,需严格遵循安全生产规范中规定的安全教育培训制度,制定完备的安全教育培训大纲,涵盖对各级管理人员和工作人员的教育培训内容;建设安全教育培训体系,注重培训质量。不断创新安全管理责任制的培训方法和内容,结合智慧教育手段,制作与建设以安全生产为主题的培训内容,采用案例教学法、项目教学法进行理论讲授与案例剖析,进而提升企业职工的安全生产意识。

第三,安全责任制的评估要素。在评估之前,首先要提高单位各级成员的思想认知,以此增强评估效果,各单位各部门要深刻领会该制度的精神要义和实质内涵,将安全管理体系作为加强安全生产的重要载体;在评估过程中,要做好实时的追踪反馈和记录工作,强化工作督导;在评估之后,由有关部门和专业小组进行及时的沟通,优化执行对策。[131]

第四,安全责任制的奖励要素。企业需认真贯彻执行安全生产方针、政策、法律、法规,对在安全生产工作中取得显著业绩的,在劳动保护、安全生产方面有较大发明、技术改进或者提出重大合理化建议的,在防止和避免重大伤亡事故或事故中搭救有功的,对违规指挥、违规操作、违反劳动纪律者进行踊跃举报的,予以奖励。[132]

第二节　压实分级管理责任

压实分级管理责任是实现全面安全防控的重要步骤。为了确保各级管理层能够切实履行各自的安全职责,必须建立完善的垂直管理体系,并实施定期的研究会商机制以确保各级之间的有效沟通与协作。同时,构建自主安全模式并深化"五型"班组创建,是提升基层安全管理能力的重要手段。

一、建立安全垂直体系,实行研究会商机制

建立安全垂直体系与实行研究会商机制,是提升安全管理效能的重要举措。安全垂直体系的建立,旨在确保各级管理层在安全管理上形成统一、连贯的决策与行动。实行研究会商机制,则是为了促进企业内部的安全知识共享与经验交流。徐矿集团建立了集团公司、职能部门(区域分公司、专业化公司)和生产单位三级垂直管理体系,各职能部门(区域分公司、专业化公司)按照管理范围行使安全管理职责,对各自分管领域承担安全管理责任。各级管理主体之间相互配合、密切合作,有利于强化资源配置,实现三者之间的监督和制约,同时保证"上传下达、政令畅通"。徐矿集团是一个大型国有企业,下属分公司众多,安全生产管理是集团首要任务,在建立三级垂直管理体系之后,推动各单位实现统一调配,并形成一个垂直监督体系,强化各级负责人之间的制约功能。重大安全生产问题现场研究会商解决机制,是指采取集体商议研判的方式来应对重大安全风险的机制。其特点在于多方面、多专家共同参与,以多角度分析判断出重大安全风险时,能够利用有效的措施来确保安全。

二、细化各级安全责任,包保一域一方平安

第一,推行"岗位流程卡"管理。徐矿集团根据《安全生产法》《煤矿安全规程》等国家安全管理法律法规要求,对机关管理岗位工作规范以及基层单位区队长、技术员、班组长、职工等 153 个专业工种和 19 个通用工种的工作流程进行分析与梳理,编制出通俗易懂、实用性强的岗位流程卡片,并要求职工上岗随身携带。

第二,推行安全"双排查"制度。所谓"双排查",即班前排查与工前现场排查。班前排查指职工入矿开始,由工区设专人负责,班前会上从职工身体、家庭、情绪等八个方面认定,排查确认安全不放心人员,圈出安全管控重点人员,区队制定不安排单独岗位、班组长同组作业或休班调整等安全包保措施,并将人员名单及措施报安全管理部门,安全管理部门将名单交由头面瓦安员实施互保。工前现场排查是指督察队员、专业组安全检查人员落实现场安全包保、互保联保措施执行情况,发生事故连带该头面安全管理人员考核,保障了安全生产工作有序开展。

第三,推行双"90 禁"制度。创新出台"矿井安全生产管理'90禁'""矿井作业人员站位'90禁'""安全红线、黄线"等制度,明确纪律规矩,有效破解现场标准化操作不规范问题,做到令行禁止、上标准岗、干标准活。

【典型案例】

孟巴项目部"四大行动"落实落细安全责任

孟巴项目部（巴拉普库利亚煤矿）深入学习贯彻习近平总书记关于安全生产重要论述，联合国内知名科研院所，因地制宜、善作善成，制定"四大行动"落实安全责任，确保孟煤项目稳健运营，续签了孟煤项目四期合同。

1. 明晰各级安全职责

重新梳理完善各层级、各部门、各岗位全员安全生产责任制，层层签订安全目标责任书，形成纵向到底、横向到边、全覆盖、全过程的安全管理格局。总工程师负责技术管理，开展重大隐患、重大灾害会诊，工作面设计前进行安全风险专项辨识评估论证；分管安全副总经理履行安全监管责任，做好安全风险辨识管控和隐患排查治理，监督安全措施落实，依规调查考核问责；其他班子成员履行业务保安责任，对分管范围内安全工作定期检查落实；区队长、班组长履行自主管理责任；中孟工人履行自我保安责任，落实岗位行为规范。

2. 强化现场安全管理

坚持"一工程一措施"、零星工程计划任务审批单、单项工程会审制度。落实"双重预防"机制，坚持安全包保、班前"双排查"，深化"五型"班组建设，推行班组建设"20条"。对采掘工作面过张裂带、打钻放水、工作面拆安、重点工程施工等关键工作和部位，排定管理人员、专业技术人员跟班动态监管，加强职工安全行为规范的检查，实行岗位操作流程卡、安全确认等制度，切实做到"四不伤害"。

3. 压实安全监察责任

强化现场监督检查，实施项目部、科室、区队、班组、岗位"五级排查"及安全隐患整改复命制度，通过安全管理微信群，实时对排查出的隐患问题严格按照"五落实"进行跟踪整改，实现隐患闭环管理，确保各环节安全管理处于受控状态。

4. 完善奖惩激励机制

坚持全员安全目标考评，建立健全安全生产考核机制，持续实行全员年度安全风险抵押、月度安全奖励制度及适时制定实施特殊时段安全奖惩制度，如制定了"战疫情、保安全"活动实施办法等，做到权责明确、奖罚分明、责任共担、违规必究，有效控制不规范行为和各类事故的发生。

三、构建自主安全模式，深化"五型"班组创建

自主安全管理是指依据单位自身意愿并通过一定的形式主动控制风险的

行为(如指令、计划、协调、控制等)并对结果负责。它是企业、生产经营单位的班组或个人开展安全生产活动的职能,运用《安全生产法》等法律法规和科技信息协调生产、效益、进程与安全之间的关系。徐矿集团抓牢关键少数,基层单位领导班子成员与基层区队实行分线包保,执行"一线工作法",实施"三必到三走到",即区队出现干部变化情况必到,存在重大隐患必到,问题多、管理差的现场必到;生产新采区、新工作面要走到,"四新"推广应用现场要走到,边远作业地点要走到。发挥党员、群监员、共青团员、先进模范的现场监督作用,守牢现场安全防线。各区队、班组对管理范围内安全生产制度落实、标准化创建、安全风险防控、隐患排查整改、"三违"治理以及上级指令执行等工作负主体责任。班组是企业安全生产的重要基础和第一防线,围绕班组安全自主管理、精准管控、能力提升,优化完善班组运行、劳动组织、节点管控流程,规范工作标准,完善作业工序,形成以安全为主体、以规程为依据、以制度为保障、以表单为支撑的班组安全自主管理模式,打造政治型、安全型、管理型、创效型、和谐型"五型"班组,提升班组安全能力。

第三节 压实全员岗位责任

在能源行业中,保障安全生产是每个岗位的共同责任。为了确保企业安全生产主体责任得到有效落实,必须压实全员岗位责任,形成人人有责、层层负责的工作格局。从主要负责人到基层职工,每个岗位都承载着不可或缺的安全职责。通过压实各层级、各岗位的责任,提升各级人员的安全意识和履责能力,进而构建一个紧密而高效的安全责任网络,为企业的安全生产提供坚实保障。

一、压实主要负责人责任,提升统筹协调能力

各单位主要负责人是安全生产第一责任人,认真贯彻执行党和国家的安全生产方针、政策和有关安全工作的指令、规定,保证单位在生产、建设过程中遵守国家有关安全生产的法律、法规、规章、标准和技术规范。强化抓落实能力,对集团公司党委会、总经理安全办公会等安排的安全重点工作定期召开专题会议进行研究,保证安全人财物到位。健全安全管理机构,配齐安全生产管理人员,并保证单位生产、管理过程中所配备的各类特种作业人员符合要求。坚持不安全不生产,严禁超能力生产、超强度作业、超定员生产,严禁非法违法组织生产。

二、压实技术负责人责任，履行技术保障职责

各单位技术负责人是安全生产技术管理第一人，认真履行技术保障职责。技术是安全生产之本，做好技术管理就是践行安全生产管理。各单位技术负责人要始终秉持安全理念，牢固树立安全生产的意识。建立和完善工程技术人员安全生产责任制，配备技术力量。定期主持召开安全技术例会，研究解决生产过程中的重大安全技术问题。负责组织制定安全生产隐患排查、整改工作计划和安全技术措施，定期组织工程技术专业人员深入现场排查各专业安全生产隐患及安全技术措施现场不落实兑现情况。推广应用安全技术新成果、新工艺、新技术，组织安全技术科研攻关，解决安全生产中出现的新问题。

三、压实分管负责人责任，做好风险防控治理

安全副职领导是单位安全管理、监督、检查的主要负责人。做好安全风险辨识防控和隐患排查治理，监督安全措施落实，依规调查考核问责，履行安全监管责任。定期督促检查业务保安、安全生产责任制及考核细则、安全生产管理等制度的落实情况。定期主持召开安全生产工作例会，及时贯彻上级的安全生产指示，对安全生产中的重大问题和隐患制定解决措施，检查上一次会议确定的重点工作落实情况。检查了解矿井的安全生产状态，组织矿井隐患排查工作，并监督隐患治理落实整改情况，制定、监督、落实重大危险源的安全管理措施。定期监督、检查矿井职业病危害防治工作开展情况。

四、压实现场负责人责任，推动安全制度执行

各区队对管理范围内安全生产制度落实、标准化创建、安全风险防控、隐患排查整改、"三违"治理以及上级执行指令等工作负主体责任。区队长、班组长是区队、班组安全生产第一责任人。强化以区队长、班组长为核心的区队、班组安全管理，严格执行跟班区队长、班组长与职工同上同下，严格班前安全"双排查"、联保互保、遇重大险情紧急撤人制度，落实区队、班组具体执行责任。区队长、班组长在现场安全生产过程中要及时排查生产安全风险及事故隐患，提出改进安全生产管理的建议，同时要能够做到自身不违章指挥，并能及时制止、纠正违章指挥、强令冒险作业、违反操作规程的行为。

五、压实现场操作人责任，强化岗位职责落实

各岗位职工落实岗位行为规范，履行自我保安责任。遵守安全规章制度，坚持正规操作，认真落实安全责任，积极防控安全风险，做好现场隐患排查，保

证身边无违章、无隐患、无事故。各岗位人员必须经培训合格、持证上岗,熟练掌握本岗位操作要领,知晓工作风险、危害,落实管控措施,执行岗前排查、安全确认制度,主动参与安全管理,认真吸取各类事故案例教训,按标准施工,程序化作业,开展好"手指口述"工作。不断提升个人安全意识和技能素质,争做内行,坚决做到"四不伤害"(不伤害自己、不伤害他人、不被他人伤害、保护他人不受伤害)。敬业爱岗,拒绝违章指挥、违章操作、违反劳动纪律的"三违"行为,积极制止他人违章行为,做好自保互保工作。

【典型案例】

新疆分公司"四项举措"压实全员安全责任

新疆分公司坚持"想干事"的责任态度、"能干事"的责任能力、"真干事"的责任行为、"可干事"的责任体系,通过"四项举措"明确全员责任,实现了高质量安全生产。

1. 明晰各级安全责任

按照"党政同责、一岗双责、齐抓共管、失职追责"要求,采取自下而上、全员参与方式,完善各部门、各岗位安全生产责任制,建立责任清单,明确责任范围、考核标准,在适当位置长期公示,考核结果纳入绩效管理,建立"人人有责、层层负责、各负其责"的安全生产责任体系。

2. 压实技术管理责任

严格落实以总工程师为首的技术管理体系,对照"一规程、四细则",开好技术例会,讲好技术大课,确保管理技术人员熟练掌握法规标准、技术规范并在现场落实到位。把好重大灾害防治关,继续践行"抓小与抓大并重"模式,定期开展隐蔽致灾因素排查,持续完善大系统评估机制,提高评估效果。

3. 强化安全监督责任

抓好日常驻点监察,制定驻点人员管理办法,每个矿至少安排 1 人,全过程安全监管。同时公司强化日常检查,每月对辖区矿井进行一次安全检查,每季度对辖区矿井进行一次安全生产标准化检查和系统评估工作,落实监管职能,切实发挥现场监督和方向把控作用。

4. 落实纪委监督责任

发挥纪委监督职能,制定深化安全生产"嵌入式"监督管理规定,重点对安全管理人员实施再监督,依规依纪严肃问责,切实推进管理人员安全履职和作风建设。每月通报各单位安全生产"嵌入式"监督开展情况。

第四节　压实考核评价责任

压实考核评价责任是提升安全管理水平、确保安全生产持续稳定的关键环节。通过科学有效的考核评价机制,不仅能够客观评估各级人员在安全生产中的表现与贡献,更能及时发现和纠正存在的问题,推动安全责任的全面落实,压实考核评价责任,确保安全管理的严格性和有效性,为企业的安全生产保驾护航。

一、坚持全员安全目标考评,强化安全正向激励

坚持全员安全目标考评,提高管理人员激励比重,推行职工安全逐月递进奖励。健全完善责任制考核办法和标准,层层签订安全目标责任书,对照安全生产责任清单,严格进行安全目标考核,并将考核结果纳入绩效管理。徐矿集团印发了《基层单位安全目标考核实施细则》,强化全员安全诚信和责任落实,调动广大职工抓好安全生产的积极性。针对基层单位领导班子成员,发生事故对应进行考核。科级及以下职工按照四个季度分别以 400 元、500 元、600 元和 700 元为基数,进行安全目标奖励兑现。为进一步激发全员齐抓安全的工作积极性、主动性,出台《逐月递进安全奖励办法》,提高安全效果的含金量,增强职工安全意识,以此促进安全生产推进。

二、坚持安全生产一票否决,强化安全履职考核

坚持安全生产一票否决,实行安全生产积分动态考核。对照安全生产责任清单,严格进行安全目标考核,并将考核结果纳入绩效管理。科学运用安全生产考核成果,建立安全生产绩效与履职评定、职务晋升、奖励惩处挂钩制度,严格落实安全生产一票否决。年度内安全生产中因违反规程措施造成二级及以上生产事故或重伤及以上人身事故、被查处严重"三违"或一般"三违"两次以上的干部职工在年度考核中不予通过。制定安全"黑名单、黄名单"管理制度,切实抓好现场人员作业行为及干部履职。严格执行管理人员履职积分制,季度内累计扣 15 分以上的管理人员按规定停班学习。

三、坚持党委安全生产巡查,强化纪委专项检查

持续推进党委安全生产巡查、纪委安全履职专项检查。徐矿集团党委、纪委成立督察组,开展安全生产专项整治巡查、督察,将干部安全履职纳入整治重

点检查内容,对于贯彻落实集团公司会议决策、安全生产责任制落实、下井带班作业、"三违"治理、安全事故处理等方面存在的问题进行通报,对履职不到位人员依规问责。安全监察部门对领导干部下井带班和"三违"治理等制度落实情况逐月通报考核。通过深入开展党委安全巡查、专项巡查、嵌入式监督、安全履职检查、职工代表及党代表巡视等活动,强化各级领导安全履职,推动安全作风转变,压实各级安全责任。

四、创新安全管理考评模式,强化安全现场监管

建立责任倒查机制,对不履职、不尽职、不称职人员,开展安全约谈、诚勉谈话、考核问责、党纪追责。对重大隐患和突出问题,一律倒查各级管理人员责任。对重大安全风险超前预控不力、重大隐患整改缓慢的单位一律督办、约谈。对上级部门安全考核事项一律追究领导和管理责任,罚款由责任人承担。对发生生产安全事故单位一律通报、停产。集团公司、股份公司、区域公司、基层单位分层级制定"红线"管理办法,精准执行,对触线人员一律依规追究处理。加强职能部门问责考核,凡因管理责任落实不到位发生事故的,对相关责任部门及人员从严问责。明确各级安全管理工作任务和考核指标,对区域公司下达月度"2468"治理指标(查处 2 名触安全"红线"或"黄线"人员、停 4 处头面系统、治理 6 名不履职管理人员、查处 8 名严重"三违"人员),每月对各矿井下达"2221"治理指标(停 2 处头面系统、治理 2 名不履职管理人员、查处 2 名严重"三违"人员、开展 1 次典型"三违"公开追查)。

【典型案例】

赛尔能源公司形成"1＋4＋4"工作机制

为全面加强安全管理工作,深入推进安全生产专项整治三年行动,深化落实集团公司安全管理体系,赛尔能源公司在实践中形成了"1＋4＋4"工作机制,抓住了安全生产管理的关键和要害,突出了"人"在安全管理中的核心作用,以安全责任倒逼安全意识提升,以责任落实强化安全行为规范,有力推动矿井安全生产稳定向上向好,为推动矿井安全形势稳定发挥了重要作用。"1"是强化监管责任;第一个"4"是压实"四级责任":企业主体责任、分管领导具体责任、区队长和班组长直接责任、职工个人安全责任;第二个"4"是做到"四个紧盯":紧盯人、紧盯责任、紧盯制度、紧盯作业环境。

在强化监管责任方面,把主要领导监督、部门监管、网络远程监控与严肃问责贯通实施,健全完善了安全监督检查机制。譬如,公司党委书记、董事长和总

经理(矿长)履行落实安全生产全面、全过程、各环节督导职责,保障党的安全生产方针、法律法规、行业规范以及各级安全决策部署在矿井落地见效。矿井安全监察部、生产技术部等部门,采取全面检查与专业检查,常规检查与突击检查,分别对矿井的采、掘、机、运、通、顶板等各个系统和环节进行安全隐患排查和风险辨识,落实安全隐患"发现→整改→复验"闭合管理。在压实主体责任方面,企业主体责任、分管领导具体责任、区长和班组长直接责任、职工个人安全责任这"四级责任"机制上,拧紧了安全责任链条,形成了各负其责、环环相扣、压茬推进的责任落实体。

第五节　三个责任融合,构建安全管理新机制

分级管理责任、全员安全责任、考核安全责任是安全管理的核心要素与关键部分,实现三者共融协同,打造"三责共融"的安全管理新机制,能够全面提升职工对安全职责的认同和履行程度,促进其在思想上重视安全、在行动上确保安全,从而形成一种积极主动的安全管理氛围,有助于构建安全管理新生态。

一、分级落实安全管理责任

第一,构建"五级"责任体系,逐个落实安全主体责任。徐矿集团按照"党政同责、一岗双责、齐抓共管、失职追责"要求,建立起集团公司统领、单位主体、区队自理、班组自治、岗位自主五个层级的责任体系,创新实践24小时"不打烊"式安全管理格局。

第二,建立"三级"垂直管理体系,有效提升管理效益。针对产业涉及地域广、安全管理难度大等特点,徐矿集团建立了集团公司、职能部门(区域分公司、专业化公司)和生产单位三级垂直管理体系。各职能部门(区域分公司、专业化公司)按照管理范围行使安全管理职责,对分管领域重大安全生产问题执行现场研究会商解决机制,对各自分管领域承担安全管理责任。

二、分类明确全员安全责任

第一,健全制度,实施全员安全生产责任清单。2021年最新修订的《安全生产法》进一步要求"建立健全全员安全生产责任制""全员安全生产责任制应当明确各岗位的责任人员、责任范围和考核标准等内容"。《"十四五"国家安全生产规划》提出"推动生产经营单位建立从法定代表人、实际控制人等到一线岗位员工的全员安全生产责任制,健全生产经营全过程安全生产责任追溯制度"。

徐矿集团积极响应政策要求，制定并完善了覆盖企业主要负责人到一线从业人员的安全生产责任清单。层层签订安全承诺书，切实把安全生产责任落实到岗位、落实到现场、落实到人头。

第二，健全体系，打造"全流程"安全责任系统。健全安全管理体系。创新开展符合徐矿实际、具有徐矿特色的"大排查大整治大提升"活动，对政治站位不高、红线意识不强、安全责任缺失、隐患排查不扎实、安全管理考核宽松软等重点问题进行了集中整治，累计排查整治问题 2 000 多条，修订完善安全管理制度 640 多项，安全管理体系得到显著强化。

第三，多管齐下，推行"双排查"安全隐患治理。徐矿集团通过推行"岗位流程卡"及安全"双排查"典型做法，使得职工作业行为和干部遵章指挥意识不断提高，确保了现场无安全隐患。积极落实单位每月、部门每旬、区队每天、岗位每班隐患排查制度等。

三、分策优化安全考核责任

第一，出台办法，完善安全责任考核评价体系。健全完善安全责任制考核办法和标准，层层签订安全目标责任书，对照安全生产责任清单，严格进行安全目标考核，并将考核结果纳入绩效管理。各级管理人员知责明责、履职尽责，把各自的岗位安全生产责任制以及集团公司安排重点工作"放在案头、记在心头、熟在口头"，有效做到了"有计划、有清单、有考核"。同时，紧盯主要负责人和分管安全、生产、技术负责人等"关键人"，对未履行安全生产职责的，依规严肃处理，通报约谈、追责问责。科学运用安全生产考核成果，建立安全生产绩效与履职评定、职务晋升、奖励惩处挂钩制度，严格落实安全生产"一票否决"。

第二，加强检查，推进安全生产巡查有序开展。徐矿集团推动并加强安全监督检查和巡查工作，运用专项检查、随机抽查、解剖式检查、专家会诊等方式，开展依规精准监督检查。集团公司对基层单位和托管煤矿每季度、对国外托管矿井每半年进行一次安全生产检查。区域公司、专业化公司每月至少组织对所辖单位进行一次安全检查。各单位每月组织一次全面安全生产大检查，对重大安全风险管控措施落实情况进行检查分析，对排查的隐患登记建档、跟踪督办、验收闭环。各单位分管安全领导加强对单位领导班子成员"三违"治理、下井带班、安全生产会议、现场会审、隐患排查整改等方面安全履职情况的监管，每月将履职及考核情况报集团公司，对完不成指标、弄虚作假的提出考核意见。加强安全生产巡察，深入开展党委安全巡查、专项巡察、嵌入式监督、安全履职检查、职工代表及党代表巡视等活动，强化各级领导安全履职，推动安全作风转变，压实各级安全责任，对履职不到位的领导人员严肃问责。

【典型案例】

红山能源公司构建"1＋4＋4＋4"安全工作机制

为深化提升安全生产专项整治三年行动,固化提升整治成果,全面贯彻集团公司"意识＋责任＋标准化"的安全管理体系,结合基建矿井实际,红山能源公司实施了"1＋4＋4＋4"安全工作机制。"1"是指压实公司领导责任;"4"分别指压实建设工程"四方责任",压实项目经理、区队长、班组长和职工个人"四级安全责任",紧盯人、紧盯责任、紧盯制度、紧盯作业环境"四个紧盯"。该工作机制增强了矿井安全防控能力,为矿井安全工作夯实坚定基础。

在压实公司领导责任上,按照"党政同责、一岗双责"要求,制定主要领导和分管领导安全生产工作职责清单。通过党委会、行政办工会、党委中心组理论学习等方式,把安全生产履职情况作为党政领导班子和个人年度述职的必备内容,推动"党政同责、一岗双责、齐抓共管、失职追责"落实落地,切实担负起"促一方发展,保一方平安"的政治责任。在压实建设工程"四方责任上",建设单位、设计单位、施工单位、监理单位四类责任主体形成了责任负责环环相扣。在压实"四级安全责任"上,安全生产监管部门按照"谁主管、谁负责"的要求,紧盯重大危险源、重大安全隐患、重大安全风险,开展"日研判""周推进",常态化开展监督检查,确保隐患治理形成闭环,切实做到"四个紧盯"。构建全矿上下联动的安全监管网络责任机制,以明责、知责、履责、追责为主线,通过奖励主动、全面落实的安全责任制的责任人,形成"分级管理、分线负责、全员参与、失职追责"的安全生产责任监督管理体系。

第六章 安 全 标 准

"标准"和"标准化"是标准化活动中两个最基本的概念。伴随着人类由自然人转变为社会人,在共同生活实践中产生了标准和标准化活动,出现了标准的概念和对标准化活动的实践探索。标准化管理因其独特的优势已经被广泛应用于经济生产生活的方方面面,并逐渐在安全管理中发挥重要作用,成为安全管理的重要手段。通过安全标准化活动,建立健全各项安全标准,已经成为安全管理工作中的重要内容。

第一节 新时代安全标准

党和国家坚持人民至上、生命至上,坚守安全发展理念,坚持从根本上消除事故隐患、从根本上解决问题,实施安全生产精准治理,着力破解瓶颈性、根源性、本质性问题。安全标准是安全生产的底线,持续推进企业安全生产标准化建设,推进重点行业领域企业安全生产标准化达标升级,对深度融入"平安中国"具有重要意义。

一、安全标准化的概念内涵

根据 GB/T 20000.1—2014《标准化工作指南第 1 部分:标准化和相关活动的通用术语》,标准是"通过标准化活动,按照规定的程序经协商一致制定,为各种活动或其结果提供规则、指南或特性,供共同使用和重复使用的文件"。标准化是"为了在既定范围内获得最佳秩序,促进共同效益,对现实问题或潜在问题确立共同使用和重复使用的条款以及编制、发布和应用文件的活动"。

安全标准是指为保障人员、设备、信息和环境的安全而制定的规范性文件。它是对安全目标的具体化和实现路径的具体规定,是安全管理工作的基础内容。安全标准包括技术标准、管理标准、操作规程等,旨在为各种安全活动提供统一的、可量化的、可执行的标准。根据标准对象的不同,安全标准可分为技术标准和管理标准;根据制定主体的不同,安全标准可以细分为国家标准、行业标准、企业标准;根据适用安全管理活动对象的特点,可分为基础性安全标准和应用性安全标准;根据适用范围的差异,可分为国内标准和国际标准。其中,国际标准是由国际标准化企业或其他国际企业制定的,适用于国际范围内的安全管理,如 ISO 9001 等;而国内标准则是由国内标准化管理机构或行业协会等机构制定,适用于国内范围内的安全管理。

安全标准化即为安全标准建设的过程,是指根据国家和行业要求,对企业的安全管理工作进行标准化规范,以确保企业在安全方面达到一定的要求和水平。安全标准化的主体主要包括企业、政府部门、第三方评估机构。安全标准化的客体对象包括安全工作的各个方面,如人员安全、生产设施、生产工艺、人员管理、安全生产、环境保护等。安全标准化的主要载体包括各级各类安全管理体系标准、组织结构的安全管理规定、安全管理培训机制、安全管理评估检查机制、安全管理信息化系统等。安全标准化建设是一项系统化工程,需要从企业的整体规划出发,进行科学且统一的规划、设计、实施和运行。在此过程中需要持续不断地进行更新、维护和改进,保证安全管理的连续性和稳定性,同时需要具有易实施、易操作性。此外,能够运用规范检查等重要控制环节判断有无不合格行为进行结果评定和进行安全风险分级及量化控制也是其重要特征。综合而言,安全标准化具有系统性、科学性、统一性、持续性、操作性、可验证性、风险可评估性等特征。

二、安全标准化执行的意义

安全标准化建设通过制定和实施科学的安全管理制度和规范,从而降低事故发生概率,保护人员、设备、环境的安全,提高企业的安全生产水平和经济效益。实施安全标准化在促进职工生命安全保障、提升安全管理效率、提升安全管理水平、塑造安全品牌形象等方面发挥了重要作用,是推动企业持续健康发展的重要法宝。

（一）标准化执行能够促进职工生命安全保障

职工是企业的重要资源,职工的生命安全是企业最重要的财富。如果职工的生命安全得不到保障,企业不仅将面临经济资本的损失,还会遭受社会的强烈谴责导致形象受损,严重者还需面临法律责任和社会责任的追究。因而,职工生命安全的保障是企业单位生产经营活动必须关注的重要内容,更是其安全管理工作中的核心要求。安全标准化建设通过制定安全标准化要求,规范企业安全生产行为，避免安全事故的发生，可以有力保障职工的健康和生命安全。

（二）标准化执行能够促进安全管理效率提升

标准化执行具有明确性和规范性，它意味着所有相关人员都遵循相同的操作规程和安全准则。这避免了在安全管理过程中可能出现的混淆和误解，确保了所有人员都能明确自己的职责和期望。当所有工作都按照标准流程进行时，资源分配将更为合理，人员调度更为高效。这避免了资源的浪费，减少了不必要的延误，从而提高了整体的工作效率。标准化执行使得职工培训更为集中和有效。由于所有职工都需要遵循相同的标准，培训的重点可以放在如何执行这些标准上，而不是每个职工各自独特的操作方法。安全标准化能够规范企业的安全管理流程和操作规程，提升企业的安全管理水平，优化企业的安全管理机制，提高企业的安全生产效率，从而提高企业的经济效益。

（三）标准化执行能够实现安全生产水平提升

安全标准化活动能够通过系统化和全面化的规范管理，提高企业安全管理水平，减少安全生产事故的发生，提高企业安全生产的效率和质量，进而优化企业的生产经营环境。安全标准化建设对于提高安全生产水平的重要意义具体表现在以下几个方面：规范安全管理行为，确保企业的安全管理行为符合国家法律法规和行业标准，从而有效降低事故的发生率；规范安全管理的流程、体系和措施，使企业安全管理更加科学、规范、系统化，减少事故的发生和损失；通过加强职工的安全教育和培训，提高职工的安全意识和安全素质，形成全员安全管理的良好氛围，从而提高企业的安全生产水平；优化企业的安全管理机制，提高安全管理的效率和质量，降低安全管理的成本，从而提高企业的安全生产水平。

（四）标准化执行能够助力安全品牌形象塑造

随着经济和社会的进步，企业不仅要对职工、消费者负责，还要对环境、社会负责。安全标准化的制定和实施，有助于企业提升安全品牌形象，更好地承担对职工、客户和社会的责任。首先，安全标准化有助于企业提升安全生产水平，降低事故发生率，保障职工生命财产安全，展现了企业关注职工安全的良好形象。其次，安全标准化有助于提升企业的产品质量和服务水平。通过规范企业的产品生产流程和质量控制，安全标准化确保产品符合国家安全标准和行业标准。这不仅保障了消费者的权益和利益，还展示了企业提供优质、可靠的产品和服务的安全品牌形象。此外，安全标准化还有助于企业实现可持续发展，保护环境、节约资源。通过规范企业的生产行为，安全标准化有助于减少环境污染和资源浪费，提高资源利用效率，实现节能增效。这展现了企业关注环境保护、履行社会责任的良好形象。企业通过积极参与安全标准化工作,向社会展示了其对安全生产和履行社会责任的承诺和努力,有助于增强消费者和合作伙伴对企业的信任,提升企业的市场地位和社会影响力。

三、安全标准化的构成要素

安全标准化的构成要素主要包括安全管理体系、安全管理信息化和安全素质提升三个方面,而安全风险管理、安全应急管理、安全监督检查等要素则嵌入于安全管理体系建设、安全管理信息化建设和安全素质提升等内容当中。

（一）安全管理体系

安全管理体系是一种基于管理原理和适用于安全管理的管理体系,目的在于建立和维护全面、系统、科学、规范的安全管理制度,全面推进安全管理工作,以达到预防事故发生、降低安全风险、保障人员生命财产安全的目的。安全管理体系是企业安全管理的核心和保障,可帮助企业建立全方位、系统化、规范化的安全管理控制,保障人员、设备和环境的安全。安全管理体系包括很多内容,具体来说有以下这些方面。

一是安全政策:这是组织或公司的高层制定的安全方针和目标,需要向内外界明确表示,以确保安全工作的全面落实。

二是安全组织体系:这涉及确保监管和管理的组织结构、职责和位置,需要保证每个岗位的安全职责和权力清晰明确,以增强责任感和担当。

三是安全程序:这是流程和手册,用于确保安全管理体系的有效落实,最大限度地降低风险和事故。

四是安全管理活动:包括日常的安全监管活动,如安全隐患的排查、反馈及整改,以及安全演练等。

五是安全培训和安全文化:对职工进行安全培训,提高他们的安全意识和技能,创造一个"安全第一"的工作环境。

六是安全审计:定期对工作环境、设备、流程等进行检查,以确保符合安全标准。

七是应急预案:制定应对突发事件的处理方案,包括预警预防、应急响应和事故发生后的处理、恢复等。

这些内容共同构成了完整的安全管理体系,目的是确保企业安全、高效运行。安全管理要素的不同排列组合及地位排序等形成了差异化的安全管理体系。这些要素通过相互配合、相互制约、相互促进的方式,在整个体系中共同发挥作用,从而达到安全管理目标。

（二）安全管理信息化

安全管理信息化建设是指通过信息化技术手段对企业安全管理进行优化和升级，实现全面、精细、高效的安全管理。安全标准化中安全管理信息化建设的本质，在于通过科学技术的应用，实现安全工作的高效和低风险管理，即以科技保安全。一般而言，安全管理信息化建设具有系统化、自动化、规范化、软件化、数据化、网格化、集成化等特征。

系统化体现在通过信息化技术手段将安全管理各项措施集成一个系统，实现统一管理、协同作业，提高管理效率和安全水平。

自动化表现在采用自动化控制、监测和预警等技术，能够实时快速地发现和响应安全威胁。

规范化表现在借助信息化系统的标准化管理，达到安全管理的规范化、数据化和科学化，减少人为操作和错误。

软件化表现在管理人员通过软件化技术将安全管理信息化，方便而高效。

数据化表现在安全管理信息化建设完善了安全管理信息的收集、存储、处理和应用，提高了数据可视化和分析的水平，增强了安全管理的科学化。

网络化表现在安全管理信息化建设使不同的安全管理措施通过互联网进行互联互通，支持安全信息共享和协同工作，增加了安全管理的联防联控能力。

集成化表现在安全管理信息化建设实现集成化的系统能够将不同的安全管理措施进行整合，实现多方面协同作业，提高管理效率。

（三）安全素质提升

安全素质提升是指通过培训、技能、经验等各种手段，提高企业或个人在安全方面的能力，以提高安全管理和预防事故的能力。安全素质提升是企业和个人发展必不可少的组成部分，需要通过各种手段不断提升和完善，以提高安全管理和预防事故的能力，确保生产、生活环境的安全。

常见的安全素质提升方法包括安全培训、安全技能培训、安全管理实践经验分享、定期企业安全评估、制定安全标准和规范等。

（四）其他非独立构成要素

在安全标准化的其他非独立构成要素方面，除了安全管理体系建设、安全管理信息化建设和安全素质提升，安全风险管理、安全应急管理和安全监督检查也是安全标准化建设中关注的重要内容，但并非作为独立要素而存在。安全管理体系建设中必然包括安全风险管理、安全监督检查以及安全应急管理的相关规定；安全风险管理、安全监督检查和安全应急管理，亦离不开安全管理信息化建设提供的信息和技术支撑，也离不开职工及管理者全员安全素质的提升。

第二节　细化体系标准

　　安全管理体系建设的核心是建立一套科学、规范、有效的安全管理体系,行行之有效的评测和规范性存储等方法,确保企业安全管理水平全面提升,预防和避免安全生产事故的发生。徐矿集团根据自身情况和需求,结合国内外成熟的设备管理标准,统筹细化健全安全管理体系,制定了适合自身的设备管理标准和流程。

一、推进全员安全标准,筑牢安全管理基础

　　全员安全标准是安全标准化建设中参与性原则的重要体现,企业内部所有职工都参与到安全管理标准化工作中来,每个人都应有安全意识、安全责任和安全行为,增强全员的安全意识和保障意识。徐矿集团高度重视安全工作中的全员参与要求,不断推进全员安全标准建设,其基本内容包括以下几点。

　　第一,领导重视。在公司各级管理层和部门领导中普遍设置安全标准管理岗位,负责安全标准化工作的引导和监督。

　　第二,全员培训。徐矿集团对所有职工进行安全培训,保证每一位职工掌握正确的安全标准和操作方法,并定期进行复习。

　　第三,安全技术指导。徐矿集团设有安全技术指导部门,对所有生产设备和操作流程进行安全评估和风险识别,并制定相应安全标准和应急预案。

　　第四,安全奖励制度。徐矿集团实行安全奖励制度,每年评选出一批安全生产先进工人和团队,并给予相应奖励。

　　第五,安全监督管理。徐矿集团严格实行安全监督管理,对每个工作岗位和生产环节设立监督部门,并建立多级安全检查机制,保障生产现场安全。

二、健全工程质量标准,保障生命财产安全

　　工程质量标准是指规定、约定或确定的一系列质量要求,以确保工程设计、建设、维护和运营过程中符合一定的质量标准和规范。工程质量标准建设,有助于保障工程建设质量,促进工程技术进步,提高工程竞争力,促进企业社会责任的履行,维护企业形象。徐矿集团在安全标准化过程中高度重视工程质量标准建设,建立健全设计标准、施工标准、材料标准、检验标准、运行标准、安全标准,多向度优化工程质量考核标准体系。

　　基层各单位制定详细的年度、季度、月度达标规划,将标准化建设列入年度

重点工作目标,对照国家及行业安全生产标准化管理体系标准,建立自主达标、动态保持、持续提升的长效工作机制,确保年内煤矿企业标准化全面动态达一级。

明确单位主要领导是标准化创建第一责任人,亲自谋划推进;分管领导负责各自范围内的标准化创建,各司其职、指导创建,持续细化安全生产标准化责任。

严格执行领导参与旬检查、月考核制度,定期召开现场会、推进会、点评会,发挥正反双向激励作用,提升动态达标质量和效果。

通过建立现场质量管理制度,实施关键环节专人负责制、强化隐蔽工程的检查试验、加强现场监督检查、精准传达和宣传现场工作标准等多项举措,严抓现场管理和质量控制,实现安全标准化现场作业全过程管理,有效消除现场工作与管理脱节风险,确保现场的安全生产标准化建设工作顺利进行。

三、健全技术管理标准,强化安全技术保障

健全技术管理标准建设,有助于帮助组织机构科学规范技术管理流程、提高技术创新能力、提高技术质量和稳定性,进而降低技术风险。徐矿集团遵循法制原则和因地制宜原则,持续推进安全技术管理标准化活动。

一是坚持创新、规范和提质,以建立健全总工程师为首的技术管理体系为主线,构建全方位的技术管理体系,从严从实把好技术关,实现科技创新与经济发展的有机结合,加强核心技术和关键环节的管控,提高产品质量和市场竞争力。

二是通过建立各级安全技术例会制度,总结和布置企业技术管理工作,研究确定矿井开拓布局,抽掘采部署,生产系统调整,技术措施制定,新技术、新装备、新工艺推广应用,解决安全生产重大技术难题等,科学优化安全技术管理决策机制,提升决策水平。

三是建立各级专业技术例会制度,采分专业推进采煤、掘进等专项技术管理制度,强化科学技术是第一生产力的思想,突出安全生产、质量品牌、创新驱动等重点,下大力气开展企业技术攻关、技术研发,加速推进具有徐矿知识产权的核心技术体系形成和发展。

四是以工程设计、"一通三防"、地质测量、防治水害、防灭火、顶板控制等为重点,持续细化和丰富安全生产技术标准,提高技术管理制度的合规性、科学性、适用性。

五是深入现场分析研究,弄懂弄透问题症结,对煤矿软岩支护、冲击地压、水、火、瓦斯等灾害治理和技术重点难点问题开展研究,对重大隐患、重大灾害

企业内、外部专家会诊、技术论证、平台攻关。

六是继承和创新地质测量、防治水基础工作管理方法、强化专项事务试验工作、委托具有国家规定资质的机构进行煤岩冲击倾向性鉴定并建立数据资料档案等多项举措,夯实技术基础工作,形成完整的技术基础资料。

四、健全安全监管标准,实化安全风险防控

安全监管标准能够规范安全监管的各个环节,明确安全监管的要求和流程,确保监管的全面、严谨和有效,规范安全监管的流程,提高安全监管的质量和效率的同时,降低安全风险的发生概率,保障公众的安全和利益,避免因安全问题导致的损失和影响。

徐矿集团树立和坚持落实大安全管理理念,各领域健全安全监察管理机构,配齐专兼职安全监管人员,理顺监察管理工作体制,建立健全安全监察汇报机制、协调联合监督机制,做到权责明确、运转顺畅、监管到位,坚持诚实守信、履职担当、依规监管、严格考核,消除监管空档和盲区,全面提升安全监察效能,形成科学高效的监察工作长效机制。设立安全环保类、安全监测类、安全检查类、安全应急类等监察管理机构,提升安全监管企业化和专业化水平。通过配强配优群监员队伍、一级监督小组职责分工和工作例会制度,常态化排查、梳理安全漏洞和风险隐患等办法,建立健全安全监察汇报、互通机制,实现扎实有效的安全监督。对于存在的短板漏洞和隐患问题,建立及时有效的整改和验收机制,确保整改闭环,实化安全风险防范和现场管控,提升安全管理成效。

五、健全设备管理标准,深挖本质安全潜能

设备管理标准能够规范企业的设备管理流程和操作规程,确保设备管理的全面、严谨和有效,提高设备管理的质量、效率和设备管理的稳定性和可靠性。健全设备管理标准有助于提高企业的生产效率和生产质量,降低设备故障率和维修成本,提高设备的可靠性和稳定性,进而提高安全生产水平。

徐矿集团设立设备管理领导小组,对设备的购置、验收领用、设备台账、报废核销、设备处置进行统一管理,基层单位负责建立设备明细、维修保养等台账,保障设备管理安全有序,建立了完备的设备管理标准体系。徐矿集团专门制定实施《徐州矿务集团有限公司设备管理规定》(徐矿〔2018〕53 号)、《徐州矿务集团有限公司矿井供电管理规定》(徐矿〔2018〕68 号)和《徐州矿务集团有限公司矿井主要提升机系统管理规定》(徐矿〔2018〕69 号)等三项安全管理制度,并对设备管理体系予以宣传贯彻,确保落实到位。

此外,徐矿集团有计划、有步骤地在机械化、自动化方面加大投入,统筹做好信息化建设,持续推进矿井"四化"建设,提升设备管理科学化水平。建立健全设备管理标准体系各单位在设备现场使用过程中落实"三定四检"和包机制,实行"菜单式"检修、定期性能测试、定置化管理,健全现场管理多重机制,不断提高设备的使用效率和稳定性,减少故障率和维修时间,降低运维成本,同时提高设备自动化和智能化水平,进一步提高生产效率和企业竞争力。

六、健全岗位规范标准,提升现场达标水平

健全岗位规范标准,可以明确工作职责、工作流程和工作标准,规范职工的工作行为,提高工作效率和工作质量,从而在提高企业的生产效率和经济效益的同时,保障职工生产安全的能力培养。

徐矿集团通过不断健全岗位规范标准,严格准入条件、作业行为、工作质量标准,提高安全操作能力。具体包括:完善岗位职工安全操作规程,步步清晰;对智能化建设等"四新"项目对职工进行智能化建设培训,克服本领恐慌;完善全流程管控制度,做到上标准岗、做标准事、干标准活,让按章操作、遵章作业成为一种职业习惯、自觉行为,保障安全生产。

【典型案例】

徐矿集团华东机械公司健全安全生产体系,筑牢安全根基

1. 健全安全标准体系

建立健全安全监管标准体系,严格检查督导、解剖诊断标准;建立健全岗位规范标准体系,严格准入条件、作业行为、工作质量标准。

2. 完善安全责任制度

建立完善了从公司领导到一线职工安全生产责任制,明确了全员岗位安全责任和任务清单,实行安全责任"菜单化"管理;公司与 8 个生产主体单位签订了安全目标责任状,全面落实全员、全过程安全生产责任制,实行分级管控,实行制度化、标准化安全管理。

3. 强化安全现场管控

进一步完善领导干部安全生产跟值班制度,公司领导严格执行 24 小时跟值班制度,每日深入生产现场进行安全巡查、指导安全工作,发现问题第一时间处理,确保实现安全生产。

第三节 细化操作标准

面对当今时代不断提高的安全生产管理标准、日益激烈的市场竞争、强调人本主义与可持续发展的社会文化环境,企业必须从根本出发,充分发挥科技优势,全面保障安全生产管理各环节的科学性、规范性,提高安全治理效能。徐矿集团在持续推进标准化建设的路上也在不断探索运用科技"利器"创造新的"可能",多举措促进和深化科技保安,不断提高安全生产标准化水平,前瞻布局深化科技保安体系。

一、持续开展科技攻关,强化安全技术引领

安全生产科技创新是提高安全生产水平的根本途径,夯实安全生产科技创新基础,加快推进安全生产重大共性关键技术攻关,以科技创新引领安全发展,是新时代安全生产管理工作的迫切要求。徐矿集团积极贯彻落实党和国家"科技兴安"战略,紧跟行业科技步伐,积极探索解决方案,学习借鉴典型经验,确保各实施项目技术可行、安全可靠。围绕智能化开采开展课题研究、技术攻关,确保技术超前引领不落后。通过对产品仓给煤机闸板改造等多种技术创新,解决矿井安全生产溃仓等传统难题。积极推广智能化开采和洗选、自动化掘进、机器人等技术应用,推广信息化、推进"三网"融合,确保新安装综采工作面全部使用电液控、巷道超前支架、开关列车自移等技术,强化安全技术支撑。成立集团公司创新管理办公室,建立健全产学研协同创新体系,充分发挥国家级博士后科研工作站等国家级平台、省冲击地压防治中心等省级研发平台优势,加大安全投入力度,广泛开展科技攻关和技术创新活动,实施重大科技创新成果特殊奖励制度。围绕绿色智能开采、灾害防治及系统优化选题立项,开展重大灾害防治项目攻关、智能化开采技术工艺装备研发、推广和应用矿井技术指导服务保障。通过加强研究平台建设、创新技术管理、加强成果推广、保护知识产权和开展技术交流等措施,积极推进安全技术成果的转化实践,为企业的安全生产和可持续发展提供更加坚实的保障。此外,徐矿集团打造本安环境,大力推进科技创新体系建设,每年投入专项资金用于科研项目,为创新创效提供充足的资金保障。

二、创新安全预控举措,消除安全管理缺陷

安全生产预控体系以预控管理为核心,以安全隐患排查为重点,以安全隐

患消除为目的,以综合管理为支撑,以改进与考核机制为保障。徐矿集团秉持"一切事故可以预防、一切事故可以控制、一切事故可以避免"的信念,超前预防各类事故,对采掘头面、生产系统、主要场所的环境、灾害状况、设备配置、运输系统、生产能力、工作人员状态等进行超前诊断,建立预控制度,明确预控程序,实施预控评价,及时提出针对性整改措施,把事故消灭在未发生之前,由被动防范向主动预控转变,实现安全管理零缺陷。

三、推进煤矿智能生产,实现少人无人则安

加大安全生产智能化建设力度,持续推动信息技术与安全生产深度融合,不断丰富"工业互联网＋危化安全生产"场景应用,是提升企业本质安全水平的重要发展方向和系统变革。徐矿集团大力推进科技创新体系建设,积极培育企业核心竞争优势,以过硬的科技实力助推企业实现跨越式发展。同时,立足时代大背景、发展大趋势、行业大视野,坚持煤矿"四化"同步发展,立志走安全、生态、创新、高效的发展之路。坚持务实管用原则,出台《徐矿集团煤矿"四化"建设指导意见》,高效提升"四化"建设。优化顶层设计,系统部署张双楼矿、郭家河煤业公司、天山矿业公司"四化"建设工作,一矿一策,有序推进,真正实现少人则安、无人则安,朝着绿色智慧矿山迈进。遵循网络融合安全、信息互联互通、数据共享交换、功能协同联动原则,坚定推进"两化"融合,建成安全监控、人员定位、应急广播系统的"三网"融合,构建管控一体化平台、私有云数据中心,信息化和自动化深度融合,消除"信息孤岛",实现无人值守。

【典型案例】

张双楼矿科技创新助力矿井安全高效发展

徐矿集团张双楼矿牢牢把握"安全绿色高质量发展"主线,持续巩固科技创新应用成果,全面提升智能化示范矿井建设水平,为矿井安全高效生产提供有力技术支撑。

1. 以科技创新助力灾害防治

张双楼矿依托江苏省煤矿冲击地压防治工程技术研究中心,积极围绕"千米冲击危险高应力'三低'开采模式与区域防控技术研究"课题开展科研攻关,加强现场会审和数据分析,细化落实防冲重点区域防护措施,确保指标在可控范围之内。完善防冲重点区域智能限员系统,实现闭合管理、超员报警、自动停止作业等智能化功能。聚焦解决重点区域关键难题,对21采区复合灾害进行科研立项,积极开展工作面超前支护新技术、新工艺研究,开展防灭火、防治水、

热害、冲击地压等致灾因素分析及防控关键技术研发,提高综采工作面安全高效开采水平。

2. 以科技创新助推智能高效生产

张双楼矿制定下发《巩固提升智能化示范矿井建设方案》,在用好已有智能设备的基础上,完善井下无线通信系统,升级改造应急广播系统,确保井下通信畅通。对采煤、掘进智能设备和系统的应用推广进行立项推进,积极引进应用智能化综掘机、供液系统自动化控制、爆破智能管控系统等智能设备,持续开展智能化采掘和机器人替代工作,用好井下负 500 中央变电所智能巡检机器人、矿用皮带巡检机器人等智能设备,有力保障中央变电所和胶带运输安全高效运行。加强智能采选、智能巡检灾害监控、远程控制等技术的推广运用,加快推进数字化矿井建设,全面增强减人提效保安能力。

3. 以科技创新改善职工作业环境

张双楼矿加强与科研院校合作研究,拓展深井热能综合利用项目,进一步扩大利用范围,对 24、25 采区降温系统以及地面进行顶层设计,有效降低工作区域温度,为职工创造舒适的作业环境。充分利用煤矿安全培训信息系统、“煤矿 e 课堂”网络培训考试平台、煤矿 MR 和 VR 仿真实训装备系统等现代化教学手段,加强安全警示教育,增强全员安全意识。在全矿开展“五小”技术创新成果征集活动,推动具有安全效益和经济效益的创新成果在实践中的应用推广,营造全员创新的浓厚氛围。

第四节　细化素质标准

党的二十大报告指出,必须坚持科技是第一生产力、人才是第一资源、创新是第一动力,深入实施科教兴国战略、人才强国战略、创新驱动发展战略,开辟发展新领域新赛道,不断塑造发展新动能新优势。坚持尊重劳动、尊重知识、尊重人才、尊重创造,实施更加积极、更加开放、更加有效的人才政策。

一、创新人才招引,提供人才支撑智力支持

创新人才招引工作,形成人才集聚强磁场,是安全工作提档升级、提质增效的人力支撑。徐矿集团深入学习贯彻党中央、江苏省委和省国资委党委关于新时代人才工作部署,结合企业实际积极探索、大胆突破,创新实施“139 人才工程”。坚持“满眼都是人才”的理念,推行人人是人才、人人能成才、人人展其才“三才”工作法,出台具有徐矿集团特色的“人才九条”,奋力打造全国行业人才

高地,切实把企业打造成各类人才的成长成才之地、创新创业之地、安心舒心之地,为推动绿色转型提供坚实人才支撑、智力支撑和坚强保障。徐矿集团以"139人才工程"为抓手,把人才强企战略目标转化为务实举措,推动打造全国行业人才高地迈出坚实步伐。各基层单位锚定"139人才工程"纷纷结合自身实际制定和实施人才成长激励办法,提高原有人才自我提升的积极性。同时,立足集团公司"四化"建设,通过扩大招聘规模、优化招聘激励、拓宽招聘渠道等多种举措,大量引进集团传统产业发展和绿色转型需要的各类专业人才。围绕采矿专业、智慧矿山建设、煤炭高效清洁利用、大数据、新能源、新材料等关键技术,实施精准招聘,进行超前人才准备,为"六大能源基地"建设提供强有力的人才支撑和智力支持。

二、改革人才培养,赋能产业工人专业成长

如何加强新时代产业工人队伍建设,全面提升产业工人队伍综合素质,打造一支"素质优、业务精、能力强"的产业工人队伍,是摆在当前能源行业的一项重大课题。徐矿集团勇担培养知识型、技能型、创新型高素质劳动大军的时代使命,大力弘扬劳模精神、劳动精神、工匠精神,大力实施"五匠"行动,出台和实施产改"十条",积极探索赋能产业工人专业成长的新举措。以"五匠"行动赋能产业工人素质提升,锻造绿色转型的"硬核"力量,让四万职工在创新创业舞台竞相绽放。

一是实施"匠人匠心"培养计划,健全终身职业技能培训制度,完善德技并修、工学结合的育人机制,常态化开展高技能人才集中培训。举办采煤机司机、液压支架工等高技能集训班。坚持守正创新,加大对符合高技能和中级技能申报条件职工的技能培训力度。

二是开展"英才名匠"培训计划,发挥江苏省产教融合型试点企业优势,校企合作办学,培养自有人才。通过"匠心传承"大师送绝活系列活动,扩大"大国工匠""全国劳模"影响力,发挥劳模、工匠、技能大师的引领作用,为广大产业工人"传经送宝",激发产业工人学技术、练本领、强素质的热情,增强处理设备故障的能力和水平。

三是持续开展"徐矿工匠"技能竞赛,积极为产业工人搭建展示技艺、提升技能的舞台,鼓励青年技术能手同台竞技、切磋本领,推动产业工人在实践中淬炼成钢,由"工"变"匠"。

四是承办"彭城工匠"技能大赛,对在各类技能大赛中脱颖而出的优胜选手优先选拔任用,增加产业工人在党代会、职代会、工代会等代表委员中的比例。

五是成立两个职业技能水平评价中心,企业"赋能成匠"技能鉴定活动,引导产业工人争先进位、提升技能,助推更多工匠、大师脱颖而出。落实产改"十条"加速产业工人成长。徐矿集团结合徐矿红色基因传承和产业工人队伍实际,确立了"政治上有地位、经济上有待遇、社会上受尊重"的产改总目标,出台徐矿特色"产改十条",从身份限制、学历门槛、平均主义、帮扶上限、津贴范畴等十个方面予以突破,助力产业工人赋能成长。全力推进"产改十条"有效落实,加快产业工人队伍建设改革进程,让政策利好最大限度惠及普通产业工人。徐矿集团通过"产改十条"不断提高优秀产业工人政治、经济、社会地位,锻造了一支辐射带动强、技术能力强、创新能力强的实干型产业工人队伍,助力百年徐矿困境突围、转型重生、绿色发展。

三、优化安全教育,提高全员安全素质技能

全员安全素质是安全管理中的人的因素,也是最具不确定性的因素。强化安全教育,提高全员安全素质和技能,是安全工作中教育培训活动的基础所在。徐矿集团将"本安徐矿,生命至上"的安全理念融入日常安全生产,开展案例警示和安全反思教育,在醒目位置张贴安全生产宣传标语、系列挂图,设置岗位安全描述、风险公告、警示提示、安全操作规程、青安岗温情提示等标识。连续开展典型事故案例警示教育活动、"12·8"安全生产警示教育活动、安全宣教一条街活动、安全生产警示教育大会、现身说法教育会以及职工代表安全视察、女工"二道防线"等群众性安全活动。持续深入开展、形成长效机制、固化成为常态化举措,切实在全集团范围内营造"安全第一、生命至上"的浓厚氛围。徐矿集团各单位积极开展安全生产标准化知识培训,对照安全监管、设备管理等标准体系,以及工序、施工、验收等规范标准企业业务学习,不断提升产业工人安全素质。将安全宣传教育纳入企业日常管理,与生产、经营等工作同研究、同部署、同落实;利用远程教育平台、徐矿大学培训资源优势,实现安全教育全覆盖,不断强化安全生产的法治思维。扎实开展作风警示教育,企业开展安全履职督查,从严落实各级安全生产责任制和岗位责任制,着力整治安全生产履职上的形式主义、官僚主义等问题,以务实作风保障安全生产。

四、推行专项计划,助力职工素质重点提升

人力资源的差异性特征决定了人才的选用和培养需要进行差异化管理。如何结合人才自身实际和企业需要,进行识才、辨才、育才,统筹推进企业人才队伍建设,是企业可持续发展的重要保证。徐矿集团树牢"培训是最大的福利"理念,以完善教育培训体系和提升教育培训能力为基础,以助推集团公司产业工人队伍建设改革为重心,全力实施"乌金工程"。

第一,实施"乌金匠心"技能登高行动,发挥岗位练兵和技能竞赛的导向作用,以举办集团公司第十三届职工技能大赛为契机,优化职工技能竞赛模式,实现区队"练兵赛"、厂矿"选拔赛"、集团"总决赛"三级竞赛联动,引导广大职工学技术、练技能、钻业务。

第二,开展"乌金英才培训计划",加强校企合作,积极与职业院校、培训机构、先进企业合作,选送一线骨干到国内外知名院校、大型企业、培训机构培养锻炼、墩苗历练。采用脱产培训、半脱产培训、业余培训等形式,提高职工文化和技能水平。强化职工学历提升教育,加强与中国矿业大学合作,开办本科层次学历函授班;加强与南京科技职业学院合作,开办大专层次学历函授班;加强与中健科技学校合作,开办煤矿采掘、煤矿机电中专学历班。

第三,落实"乌金匠人培养计划",开办采掘电钳工、液压支架工等关键紧缺工种高技能集训班,常态化开展技能提升培训。根据产业和区域分布情况,有计划、不间断、广覆盖地开展职业技能评价工作。各单位以提升职工岗位技能为目标,积极开展职工技能培训,集中参加职业能力水平评价。在全集团层面分层次开办高级工、技师等技能提升培训班,鼓励职工报名参加职业能力水平评价。

第四,推行"乌金青苗计划",探索企业新型学徒制,创新技能人才培养模式。变招工为招生,深化产教融合、校企合作,企业开展企业新型学徒培训,加大培养力度,向"六大人才基地"、向异地单位拓展,积极争取 400 名新型学徒制名额,加快促进企业高技能人才培养。

五、探索精准教学,动态补齐人才素质短板

因应时代发展需要,强化对现有人才队伍的培训,助力其全面发展,既是职工专业成长和职业生涯发展的需要,也是企业盘活自有人力资源,降低长期用人成本的实际需要。徐矿集团在人才培养过程中,持续强化实训基地建设,建立 MR、VR 教学平台,实施差异化精准培训,不断提高培训教学质量。坚持"干什么、学什么""缺什么、补什么""管什么、懂什么"。坚定发展信心,将人才强企战略融入徐矿新一轮发展蓝图,推动企业创新发展、转型发展、走出去发展。以徐矿集团人才培训中心为传统基地,不断创新教学模式,改进教学方法,提升培训质量,规模化提升职工综合素质,为徐矿发展增强发展后劲、再铸百年辉煌提供不竭的科技和智力支撑。创新安全教育培训方法,积极推进安全培训网络化、智能化,在"网络＋"的基础上,建立完成 MR 机电岗位技能培训平台和 VR 警示教育系统,整体实现培训智能化、模拟化、互动教学,增进安全教育实际效能。立足"四化"建设战略需求,积极开发建设各基层单位实训基地,强化培训机构人员配备与管理,开办培训教师专项培训班,提升教学能力和水平,强化不同专项技能素质培训。

【典型案例】

长青能化公司"强基础、重培训、提素质",全力打造活力班组

徐矿集团长青能化公司不断探索基层班组建设新路径,以"强基础、重培训、提素质"为主线,全力打造活力班组建设品牌,为推动高质量发展筑牢坚实基础,生产运行部运行二组被评为"全国青年安全生产示范岗"。

1. 强化安全基础

充分利用班前会和月度安全培训,学习同行业典型事故案例,吸取经验教训,增强产业工人安全意识。建立基础台账,准确分析生产系统存在问题并及时调整,切实保障装置安全平稳运行。开展安全实战演练活动,以现场实战代替培训,进一步提升应急能力,筑牢安全防线。

2. 注重实效培训

坚持"月度＋季度"培训模式,建立岗位练兵卡,引导产业工人积极参与技术交流与科技项目攻关。利用线上培训平台,坚持每天一练、每周一考,督促班组进行专业基础知识学习。通过安全隐患排查、工艺流程梳理、检查设备完好率等实效培训,实现产业工人技能学习和创新成果相互转化。

3. 提升专业素质

实行"一对一"培养模式,企业新入职大学生与技术骨干签订"师徒协议",帮助青年产业工人成长成才。出台并实施了《关于成立产业工人技能提升工作室的实施办法》,先后针对气化、净化、合成等不同专业分别成立共计18个技能提升工作室,择优选取政治素质过硬、工作能力突出的产业工人骨干进行学历再提升、技术能力再改造,运行班组大学本科及以上学历人数超60%,实现了班组产业工人"本科化"。

第五节　三大标准并行,优化安全管理新模式

安全管理体系、科技安保体系、素质提升体系是提升安全标准化的三个重要方面,从这三方面优化安全管理新模式能够提高企业的安全管理水平,有助于探索和创新安全管理方法,进而适应不断变化的工作环境和安全需求。

一、提档升级,安全管理立体化

徐矿集团全面推进安全生产标准化建设,建立完善全员安全、工程质量、技术管理、安全监管、设备管理、岗位操作"六标准"体系。工程质量、技术管理、安全监管、设备管理、岗位规范标准体系不断健全完善。构建自主达标、动态保持、持续改进的长效机制,实现安全标准化创建工作提档升级。

(一)全方位渗入,责任主体实现全员覆盖

明确安全生产标准化创建责任主体、责任分工,实现集团内各类人员和岗位安全标准建设参与的全覆盖,全面渗入企业内部,极大地提高了领导干部、中层管理人员和一线职工等主体的安全责任意识和重视程度,降低了安全管理的各项主体性阻力。同时,促进了安全文化形成,推动企业扎实建立起安全生产管理体系、制度、规范和流程等,形成立体化、标准化的安全管理体系,促进了安全生产过程的全员参与和全方位管理,强化了安全检查和监管,提高了安全生产水平。

(二)全过程强化,工程质量水平持续提高

通过工程质量标准、技术管理标准、设备管理等标准化建设活动的持续推进,切实保障各类工程建设质量的同时,提高工程效率,减少工程投资和运营成本,促进项目可持续发展。各基层单位锚定标准化管理体系一级目标,坚持"管理、装备、素质、系统"并重,多措并举、强基固本,持续提高标准化创建水平。郭家河煤业公司顺利通过国家现场验收,成为全国第一批新修订安全生产标准化管理体系的一级达标煤矿,张双楼煤矿、天山矿业公司、夏阔坦矿业公司持续保持国家一级标准化水平。

(三)全链条嵌入,风险防控成效逐渐凸显

通过在全员安全标准、工程质量标准、安全监管标准、设备管理标准和岗位规范标准化过程中,全链条嵌入安全风险防控理念,徐矿集团安全风险管理水平显著提升,江苏省内连续7年实现了安全生产。徐矿集团"意识＋责任＋标准化"安全管理体系获评江苏省企业管理现代化创新成果奖。通过具有徐矿特色的"大排查大整治大提升"活动,对政治站位不高、红线意识不强、安全责任缺失、隐患排查不扎实、安全管理考核宽松软等重点问题进行了集中整治,累计排查整治问题2 000多条,修订完善安全管理制度640多项,安全管理体系得到显著强化。

【典型案例】

张双楼矿"六深化"推动安全治理现代化

徐矿集团张双楼矿始终坚守"本质安全、生命至上"安全理念,扎实推进"责任＋意识＋标准化"安全管理体系建设,以"六深化"举措全力推进安全生产治理体系和治理能力现代化。

1. 深化文化引领

常态化开展"十项"专业检查、"百日安全"、警示教育大课、女工"二道防线"等安全主题活动,实行职工联保互保、岗位流程卡、安全隐患"双排查"等制度"全覆盖",让安全生产成为一种文明风尚与行为自觉。

2. 深化"四化"建设

以国家智能化示范煤矿建设为契机,全面推进"智能采煤"技术升级、"智能掘进"技术突破、"智能辅助"全面实现、"智能监控"全面覆盖、"智能机器人"探索应用、"智能平台"数据构建、"智能化装备和服务"应用研究"七个加快",顺利通过国家首批智能化示范矿井验收。

3. 深化基础管理

建立健全"重在从根本上消除事故隐患"的责任体系、制度成果、管理办法、重点工程和工作机制,把安全生产专项整治不断引向深入,把排查整治与建章立制、学习提高与狠抓落实、压实责任与细化措施贯穿全过程。

4. 深化风险评价

全面构建安全风险辨识评估体系,强化系统运行、重大危险源监控、检修维护、特殊作业等重点薄弱环节风险防控,实现超前防范及时应对。创新"双排查""首次事故隐患排查奖"制度,对排查出重大隐患的职工予以嘉奖,对排查出的隐患及时跟踪落实闭环。

5. 深化难点攻关

充分发挥江苏省煤矿冲击地压防治工程技术研究中心科研创新平台的作用,针对冲击地压防治技术难题开展攻关研究,不断提高矿井防冲治理科技、装备智能化水平,实现冲击危险区域远程解危卸压、智能限员,提高安全可靠程度。

6. 深化监督检查

开展联合查岗及巡回检查行动,重点加强周末、节假日、中夜班、交接班及下半班检查,提高现场动态管控能力。针对现场作业环境差、规程措施不兑现、违章指挥、违章作业等安全问题,坚决做到"三不生产""四停",切实保障现场安全。

二、创新驱动,科技保安前沿化

坚持在科技创新发展领域深耕细作,不断强化科技创新体系建设,充分发挥科技兴企、科技保安作用。

（一）科技创新屡结硕果,开创新局面

徐矿集团聚焦科技创新"五大工程",研究下发《关于实施创新驱动战略的意见》,大力推进数字和科技赋能,制定了"先进技术80条"和"数字化转型10条",全面提升科技创新核心竞争力,以科技创新实绩擦亮绿色转型底色。2017年以来,徐矿集团建成国家和省部级创新平台12个,获得省部级科学技术奖57项、专利授权517项;其中1项成果荣获中国煤炭工业科学技术特等奖,3项技术获评"中国好技术"。2022年,徐矿集团主导及参与的"西北地区高盐富水软岩井壁劣化机理及控水修复关键技术研究""西北煤炭生产区浅表水系统稳定性控制理论与关键技术""煤矿冲击地压防治智能化研究与应用"3项科技成果获中国煤炭工业协会科学技术一等奖,12项成果获二等奖,5项成果获三等奖,共20项科技成果获奖,位居行业前列,创出历史最高水平。2023年,在国务院国资委主办的"首届国企数字场景创新专业赛"中,徐矿集团申报的"煤矿智能化建设全场景研究及应用",从全国各央企、地方国资委推选的2 007家国有企业、3 277个参赛场景中脱颖而出,荣获生产运营类全国一等奖。

（二）国际声誉不断提高,开拓新市场

徐矿集团紧紧围绕"产品卓越、品牌卓著、创新领先、治理现代"的要求,聚焦竞争力、创新力、控制力、影响力、抗风险能力等关键指标,突出培育一流特色理念体系、一流转型发展模式、一流煤矿开采技术、一流企业治理能力、一流"家文化",加快构建新发展格局、加快推进绿色转型,建设世界一流企业。充分发挥关闭矿井技术和人才优势,积极走出去在境内外开展技术服务外包项目,2017年以来累计开发项目36个、创收60亿元、创利6亿元,安置职工上万人。在孟加拉国服务外包煤矿项目首次定义了"厚煤层多分层协调减损开采"的科学含义,连续16年实现安全高效开采,打响了中国煤炭企业国际品牌。"强富水含水层下特厚煤层安全高效开采关键技术项目"荣获2020年中国煤炭工业科学技术特等奖。由中国人民大学国际能源战略研究中心、国家发改委国际合作中心国际能源研究所联合编制的《能源企业全球竞争力报告2017》在京发布。徐矿集团登上"煤炭企业全球竞争力排名30强"榜单,排第21位,国际声誉显著提高。

（三）核心技术国内领先，走出新道路

徐矿集团深入践行新发展理念，坚持"满怀对党忠诚、满眼都是资源、满眼都是人才、满腔家国情怀、满满正能量"的理念，启动煤炭老工业基地转型、关闭矿井重生、衰老矿区生态修复的生动实践。徐矿集团"千米深井实体煤巷道掘进冲击机理及防治技术"在全行业首次针对危险性评价、采区设计优化、冲击危险监测与防治技术标准等进行系统研究，成果国际领先，对国内100多座深部矿井安全开采、提升行业整体防治水平极具示范意义，已经在山东、陕西、甘肃等多个地区成功推广应用。徐矿集团锡林郭勒盟乌拉盖 2×100 万千瓦电厂是江苏和内蒙古首个重大能源类合作项目，是目前国际国内唯一建设的百万级褐煤发电工程，也是位于国内纬度最高地区的百万级大机组。项目使用超临界燃煤发电技术，相比常规燃煤发电机组参数更高、容量更大、效率更高，具有国际先进的能耗和环保水平，大幅节约了煤炭资源，对促进我国火电结构调整、节能降耗，建设资源节约型、环境友好型社会，以及电力工业可持续发展具有示范意义。项目采用行业先进的水回收利用技术、机炉深度耦合节能技术，最大限度降低了对草原生态的影响，具有显著的经济、社会、生态效益。项目运用现场总线技术铺设"信息高速公路"，构建智慧化、数字化、透明化新型火力电厂，代表了当前工业领域自动化控制系统的最高水平。徐矿集团针对矿井收缩关闭阶段普遍面临的安全、环境问题，在全国率先提出"绿色闭坑"理念，为打造"绿水青山"、建设"美丽中国"作出了积极贡献。

【典型案例】

徐矿集团让科技创新跑出"加速度"

徐矿集团高度重视科技创新工作，将自主创新与开放创新有机结合起来，开展技术攻关，优化生产工艺，引进先进设备，实现了增产、创效、保安，让科技创新跑出"加速度"。

1. 自主创新，内挖潜能创效益

下属徐矿综合利用发电公司自主开展锅炉汽包连续排污回收利用技术攻关，在各大热工院、设计院涉及尚不多，共同研发周期长、费用投入高的背景下，技术人员立足自身、自主研发，企业开展技术收资调研并进行大量数据分析论证，成功完成技术改造。此次改造项目全部自主完成，花费的费用仅为外委费用的 10%，节约费用近 900 万元。经测算，每台炉可回收连排水 10 吨/小时，可节省热再蒸汽 5.7 吨/小时，两台机组年收益可达 800 余万元，实现节能减排和增效双赢。

2. 优化工艺,精细管理增产量

下属长青能化公司深入研究"两开一备"气化炉运行模式,探索实施"气化炉倒炉作业和烧嘴更换同时进行"工作法。技术人员不断改进方式方法,顺利完成了3台气化炉两开两停的艰巨任务。通过该方法,原来需要分两次、10个小时以上才能完成的工作内容,压减到8个小时左右一次完成,有效降低长时间作业产生的安全风险,增加运行时间,每次增产粗甲醇200吨以上。

3. 引进设备,减人提效保安全

下属张双楼煤矿引进矿用双履带式全液压自动钻机,用于智能化工作面材料道防冲打钻卸压。操作人员手拿遥控器就能完成远程控制钻机的走动、打钻,监控钻机角度定位,具有操作简单、作业人数少、劳动强度低、安全系数高等特点。引进全液压定向钻机,通过先进的负载敏感系统和先导比例控制系统,精确控制给进速度和旋转速度,独立行走,原地转弯,具有节能、流量控制精度高和过载保护等优点。

三、引培留用,素质提升精英化

提高职工素质是推动企业发展的根本保证。徐矿集团形成了专业化的人才体系,为企业提供源源不断的动力。

(一)规模、结构双优化,专业人才群英荟萃

徐矿集团积极拓展市场化、平台化、社会化"三大空间",增强人才招引柔韧度。拓展市场化空间,面向社会发布招聘信息,加大引进智慧矿山建设、煤炭高效清洁利用、大数据、新能源、新材料等关键技术创新人才和团队,储备实用性、多元化人才。当前全集团职工总规模达4万余人。拓展平台化空间,搭建校企合作平台,通过校园招聘、定向培养等多种方式引进大中专优秀毕业生。拓展社会化空间,实施柔性化招揽政策,通过研企、企企合作,利用国家级博士后科研工作站、硕士研究生工作站、全国煤田地质系统重点实验室等创新平台,引进6名博士后开展科研合作和技术攻关。徐矿集团人才队伍结构得到持续优化。当前,全集团本科及以上学历人员占比49%,中级及以上技术人员占全部技术人员的44%,高级工及以上技能人才占全部取得技能等级证书人员的41%,各类人才的专业能力、专业精神和专业技能不断提升。

(二)"三化"培养显成效,领导干部青黄有接

徐矿集团党委坚持把领导班子和干部队伍建设作为推动企业发展的龙头来抓,让想干事者有机会、能干事者有舞台、干成事者有地位,在建立健全干部的培养、选拔、任用、淘汰机制等方面取得明显成效,激活了领导干部谋企业发

展的内在动力。"5145"年轻干部培养工程、"5111"人才培养工程和"1111"人才培养计划,实现了人才培养、选拔、任用全覆盖。年轻人才素质提升计划的实施(启动"百名优才""未来之星"培养工程,对 255 名 35 岁以下的年轻优秀人才量身定制培养方向和计划,由集团公司领导、副总师作为导师,分专业进行指导,定期进行企业交流、考察活动),助力 10 余名"百名优才"提拔到中层领导岗位。2017 年,徐矿集团党委颁布《年轻干部专项预审制度》,规定在提拔干部时,35 岁以下人员须占五分之一,将青年人才选拔从灵活任务转变为硬性指标。至 2020 年年初,徐矿集团中层领导中"80 后"占比已达 15%,并有更多"90 后"担任要职。截至 2023 年 4 月,徐矿集团人才平均年龄较"十三五"末降低 4.18 岁,"80 后"中层占比从 7% 增至 35%,并有 14 名优秀年轻人才晋升为契约化管理总经理。此举体现了徐矿集团对青年人才培养的重视,并为企业的长远发展奠定了坚实的人才基础。

(三)地位、空间二重构,产业工人焕然一新

在深入推进产改工作方面,徐矿集团着力提升产业工人的政治、经济、社会"三大地位",出台具有江苏特点、徐矿特色的"产改十条"。突破比例约束,更多产业工人得以有效参与企业治理,政治地位逐渐显现。优化薪酬体系和考核奖励机制,产业工人职工收入持续增长,经济地位不断提高。2019 年,职工收入同比增长 15%;2020 年,在新冠疫情的影响下,全集团在岗职工收入同比增长 8%;2021 年,在岗职工工资同比增长 9.66%,职工工资收入与 2017 年相比已经实现翻番。此外,徐矿集团坚持给予产业工人更高奖励、更多荣誉、更多激励,产业工人社会地位有效提升。"产改十条"和"乌金计划"等系列制度的实施,打破学历、职称、干部工人身份等限制,把优秀产业工人选拔到管理岗位使用。为产业工人的成长发展建立了快速通道,拓展了基层产业工人的上升空间,强化了产业工人的晋升期望。先后有百余名一线产业工人走上了安全生产管理岗位,在全国范围内引起强烈反响、受到广泛赞誉,广大产业工人事业心得到了极大的激励,工作态度积极,干劲十足。徐矿集团产业人才队伍建设不仅打造了江苏产改的"徐矿样本",也成为全国国有企业产改工作的样板。2020 年 12 月,中国能源化学地质工会主席张波在徐矿集团调研时发出感慨:"徐矿四万产业工人干事创业的精气神十足,劳动最光荣、劳动最崇高、劳动最伟大、劳动最美丽的氛围十分浓厚。"

(四)基地、平台共建,人才培养扩容增质

徐矿集团设立人才培训中心,打造规模化人才培养的示范基地。徐矿集团人才培训中心先后被授予国家、省"高技能人才培养示范基地""全国煤炭行业

远程教育示范基地""江苏省干部培训先进单位"，被评为江苏省企业安全培训先进单位，函授站被评为江苏省成人高校优秀校外教学点和中国矿业大学优秀函授站。不断创新培训形式，创新培训模式，创新培训机制，每年自主培训总量7 000 次左右，其中企业管理人员培训 3 000 人次左右，特种作业人员和高技能人才培训 4 000 人次左右，实现自有人才的系统培训。

【典型案例】

张双楼矿坚持党管人才原则，厚植人才培育沃土

张双楼矿党委深入贯彻落实徐矿集团工作部署，通过搭平台、建制度、育人才，为矿井高质量发展提供坚实的人才保障。

1. 全面体检，突出政治锤炼"精细选苗"

大力实施"1552"年轻人才培养计划，推动各类年轻人才脱颖而出。坚持党委主导选人用人不动摇，通过召开党委会对年轻干部培养选拔工作进行专题研究；在干部选拔任用程序上，确保执行程序一个不少，履行程序一道不乱。

2. 精准提升，注重本领磨炼"精准墩苗"

把基层作为培养年轻人才的主阵地，鼓励新入职高校毕业生到基层生产一线经受考验，对于表现优秀、职工认可的高校毕业生，大胆提拔使用。有计划、有步骤、有意识地安排一定数量的机关年轻干部到生产单位任职，通过轮岗锻炼培养造就一批年轻复合型人才。

3. 拓宽年轻人才培养"三条渠道"

加大对高校毕业生的引进力度和培养力度，根据人才需求计划，引进符合矿井高质量发展的各类大学毕业生。通过工区党政主管推荐、分线领导把关、党委考察等程序，把政治素质高、现场管理大胆、规矩意识较强、群众基础较好的年轻班组长放到副科级岗位上锻炼。加强内部年轻人才培养，为年轻干部业余进修学习创造条件，依托创新工作室和劳模工作室平台，培养了一批懂技术、懂业务、会操作、会处理的年轻技术管理人才。

4. 凝聚力量，彰显人才担当"精心壮苗"

把学历晋升教育课堂引进矿区，与中国矿业大学合作办学开设大专和本科学历班，形成"校企双制、工学一体"的培养模式。为满足"四化"建设的需求，加强产业工人队伍建设，建立健全"民主、公开、竞争、择优"的"赛场选马"机制。

第七章　体系协同

徐矿集团以习近平总书记关于国有企业改革发展、党的建设和安全生产重要论述为指引,强化三种意识、三个责任、三大标准要素集成、协同、融合,创新构建"意识＋责任＋标准化"安全管理体系,纵深推进安全治理体系和治理能力现代化建设,牢牢守住了不发生重大事故的底线红线,探索形成了一套具有规律性、可推广可复制可借鉴的经验做法。

第一节　坚持党管安全,引领安全管理体系发展

习近平总书记强调:"坚持党对国家安全工作的领导,是做好国家安全工作的根本原则。"①在加快构建高质量安全管理体系过程中,徐矿集团始终坚持和加强党的全面领导,以总体国家安全观和能源安全新战略为依托,以党建与安全管理深度融合为核心,积极创新党建思路,全面发挥党委领导作用、党支部战斗堡垒作用和党员先锋模范作用,以高质量党建引领徐矿安全管理体系高质量发展,全面筑牢安全管理基础。

一、坚持党建引领安全管理思想

（一）安全管理中始终坚持党的基本路线

徐矿集团坚持以习近平新时代中国特色社会主义思想为指导,深入学习贯彻党的十八大、十九大和二十大精神,始终坚持党的全面领导,以高度的政治担当和责任意识,将"旗帜鲜明讲政治"贯穿制度建设始终,充分发挥党组织"把方向、管大局、保落实"领导作用,坚持推动党建工作和安全管理工作深度融合,党

---

① 中共中央党史和文献研究院:《习近平关于防范风险挑战、应对突发事件论述摘编》,中央文献出版社 2020 年版,第 239 页。

建工作和安全管理工作目标同向、部署同步、工作同力，使二者在融合发展中相互促进，有效实现党建工作的脱虚向实，强化系统思维，自觉把安全管理放在工作全局中思考，准确把握党建工作与安全管理的内在联系。

（二）安全管理中贯彻强化党的政治引领

《安全生产法》第三条明确指出，安全生产工作坚持中国共产党的领导，安全生产工作实行管行业必须管安全、管业务必须管安全、管生产经营必须管安全。习近平总书记强调，落实安全生产责任制要坚持"党政同责、一岗双责、齐抓共管、失职追责"，明确了党在安全管理中的引领作用。徐矿集团把安全管理提高到讲政治的高度，并作为本职要求和重要职责严抓严管，坚持党管安全不动摇，以党建为统领筑牢安全根基，将"党建＋安全管理"落到实处，切实把党的组织和思想保障作用延伸到安全生产管理工作中去。在安全管理实践中构建党建引领创新机制，扩大党建工作覆盖面、增强党建工作生机活力，增强以一流党建引领一流企业本质安全建设的思想自觉和行动自觉，以组织建设、文化提升、机制创新为抓手，不断推动政治优势转化为发展优势、组织资源转化为发展资源、创新活力转化为发展活力，持续增强安全管理领域的凝聚力、创造力和战斗力。坚持不懈、反复不断地强化党建引领安全工作的核心意义，将"安全发展是党员的第一要务"内化到每位党员的心中，从根本上提升了党建引领安全管理的思想政治高度。

（三）安全管理中常态推动党建内在融合

在"围绕中心抓党建，抓好党建促生产"新常态下，徐矿集团积极构建"党建＋安全管理"模式，有效破解党建工作与安全管理"两张皮"的困局。严格落实"党政同责、一岗双责"制度，明确领导管理、直线管理、属地管理、安全监管四项责任，通过形式多样的党建活动引导鼓励干部职工畅所欲言，群策群力，发现并解决安全管理中存在的新问题，不断提升生产风险的防控水平。大力夯实制度基础，建设党建与安全管理统一体制机制，将党的建设与安全管理同步谋划、党组织负责人与项目负责人同步配备、党的工作与安全管理工作同步开展，实现体制对接、机制对接、制度对接和工作对接，形成党建、安全管理的深度融合。大力推广党员身边"三无"（无违章，无违纪，无事故）活动，在岗党员签订《党员身边"三无"活动承诺书》，及时提醒谈话，强化安全意识，督促党员履行安全管理主体责任和义务，确保安全责任落实到位。

二、创新党建引领安全管理形式

（一）以主题党日活动聚能量

主题党日活动是党支部工作的重点，是引领安全管理工作积极进取的主抓手。徐矿集团党委和各党支部从党建着眼、从业务着力、从实际着手,把创新党支部主题党日活动与安全管理相结合,精心设计并组织开展各具特色的"我的安全我负责、我的事情我做好""我的安全警语我牢记""大家谈""安全家书征集"等互动式、开放式、体验式主题党日活动,充分发挥党建思想优势、组织优势,引导党员、职工转变观念,深刻认知高质量党建引领高质量发展、高质量党建推动全方位安全的重要意义,实现党员共管、资源共享、难题共解、文化共融,让人人关注安全,人人参与安全,共筑安全防线,充分发挥"党建+安全管理"1+1>2 的作用,推动企业安全管理工作再上新台阶。

(二)以党建"1+N"体系促融合

党建"1+N"是以党建为载体,以各项重点工作为基础,以发挥基层党组织战斗堡垒及党员先锋模范作用为切入点的特色党建形态。党建"1+N"推动党建与安全管理业务深度融合,致力解决党建工作责任落实、组织覆盖、作用发挥等问题,以高质量的党建工作团结带领职工群众积极投身企业安全发展和高质量跨越式发展。徐矿集团各基层单位从自身业务需求出发,把党支部服务功能、党员干部作用发挥同推动安全管理发展相结合,精心打造"党建+安全""党建+学习""党建+科技""党建+治理""党建+赋能""党建+文化""党建+服务"等形式,在系列活动中,实现安全意识、安全理念和安全文化以如盐入水、润物无声的方式与安全管理深度融合,以党建领航激活高质量发展"安全引擎"。

(三)以强化教育学习助提升

规范化、制度化的教育学习是提升职工政治思想觉悟、安全意识、安全责任感及安全技能的重要举措。徐矿集团面对自身产业类型多、所处地域广、职工知识层次差异大等特点,始终坚持党委领导、各基层党组织全员发力的工作理念,全力做好宣传教育工作。通过党委理论学习中心组学习、基层政治理论学习、"三会一课"等形式全面系统学习领会习近平总书记关于安全生产的重要论述,持续深化全体党员干部职工对安全管理重要性、必要性的认识,提高全体党员干部职工以高质量党建工作促进高质量安全管理工作的政治自觉、思想自觉和行动自觉。将思想政治工作要求和安全管理实际紧密结合,坚持由党政主要领导、安全分管领导带头讲授"安全课",徐矿集团党委书记、董事长冯兴振就进一步抓细抓实安全生产工作多次作专题宣讲报告等,全面压实"讲安全就是讲政治、讲安全就是讲大局、讲安全就是讲责任、讲安全就是讲形象"的使命担当。

三、搭建党建引领安全管理载体

（一）以打造安全型党支部为引导

基层党支部是推进"党建＋安全管理"融合工作的最重要载体。徐矿集团党委坚持强化党支部政治功能,紧紧扭住党支部建设这个"牛鼻子",要求各党支部深入思考回答"加什么、怎么加"的问题,进一步明确党支部抓安全落实的职责,充分发挥党支部思想教育引领主体作用,通过定期开展安全形势任务教育、思想动态调研分析、谈心谈话,引导职工以积极心态投入安全生产。要求党支部委员对党员、班组的岗位安全监督责任及安全制度落地执行情况进行监督,建立常态化工作机制,形成纵横交错的安全管理网格和定期检查、随机抽查的安全检查模式,让党员在实际工作中率先垂范,充分发挥基层党支部在安全生产中的战斗堡垒作用。

（二）以创建安全型岗位为切入

业务岗位是"党建＋安全管理"工作的"最后一公里"。徐矿集团通过开展党员先锋岗、党员责任岗、党员示范岗、竞赛优胜岗等创先争优活动,推动党员身边"三无"活动与安全生产工作实践有机融合,引导广大党员在应对各种安全工作中铭记党员身份,确保党建工作更实在、安全生产更稳定。根据阶段性安全管理工作内容,不断深化安全型岗位创建工作,引导党员深入现场,开展走动式管理巡查,推动实现要害场所、重点部位、关键岗位的动态监控管理。

（三）以发挥党员模范作用为带动

徐矿集团多渠道拓展党员发挥作用的载体,探索建立党员承包安全重点岗位、重点设备包机到人等制度,加强党员在关键岗位、重要部位的配置,确保在急难险重任务上,党员冲在前、作表率。开展党员"亮身份、亮承诺、亮标准、亮作为"活动,组织党员干部带头压实安全生产责任,响亮喊出"我的身边零违章、无事故",发挥"一个党员一面旗帜"的作用,形成"一个党员带动一片"的良好氛围。深化推进"安全先锋""党员示范"等党建品牌建设,把载体创新与工作创优相结合,培育具有鲜明徐矿特色的亮点工程,搭建党员作用发挥平台,切实把党建优势转化为安全生产优势。

【典型案例】

坚持党建引领　发挥政治优势

张双楼煤矿党委全面推行新时代党建"嵌入式"治理模式,充分发挥国有企业党组织把方向、管大局、保落实作用,团结带领全矿广大党员和干部职工,统筹推进"五高"智能化示范矿井建设,矿井先后获评中国科学家论坛"十四五"高质量发展科技创新示范单位、省属企业宣传思想政治工作先进集体,连续 6 年被表彰为徐矿集团先进党组织、先进集体。

一是强化政治引领,聚力压紧压实党建工作责任。扎实开展党史学习教育,把"规定动作"做到位,把"自选动作"做出彩,构建了"5×5"全矩阵党史学习教育体系,代表徐矿集团接受了江苏省国资委党史学习教育第一巡回指导组现场检查并被给予高度评价。

二是全面从严治党,聚力营造风清气正政治生态。严格落实全面从严治党主体责任,每半年开展一次基层党支部落实党风廉政建设责任制情况检查考核。创新廉洁文化教育形式,以"三融三进三建"新举措再创"三讲五心"教育新成效,成为徐矿集团"三讲五心"行为规范试点单位。

三是强化巡察问题整改,扎实做好巡察整改后半篇文章。在徐矿集团党委第一批 13 家单位党组织巡察整改质效综合考评中排名第一,综合评估得分 100分,整改成效等次为"好"。

第二节　提高政治站位,增强安全管理意识责任

徐矿集团安全管理工作取得一系列重要成果,本质安全水平不断提升,实现了安全、经营和大局的全面持续稳定,形成了系统完备、科学规范、运行高效的"徐矿之治"。这些成绩的取得,根本在于全集团上下始终把安全生产作为政治责任、发展前提、民生大事,始终把安全摆在高于一切、重于一切、先于一切的突出位置,全面推动了安全政治意识入脑入心入行。

一、提高安全管理政治站位

(一)注重安全管理工作的政治指引

徐矿集团坚持把习近平总书记关于安全生产重要论述、重要指示批示精神和上级各项安全工作部署作为总指引,坚决树牢"安全红线"意识,牢固树立"四个意识"、坚定"四个自信"、做到"两个维护",以高度的政治自觉和强烈的责任担当,高质量高标准抓好安全管理工作。坚持把安全管理作为全年的重点工程,系统谋划、统筹部署,大力实施"三个第一",即年初第一个工作日召开扩大会议,专题研究部署安全生产专项整治重点工作;年度第一个党委会议,研究年

度安全管理工作意见；全集团第一个大会，对安全生产管理工作进行部署，确保党对安全的统一领导落到实处，涉及安全管理的重大事项由集团公司党委专题研究决定，全面提升安全管理工作的政治性。

（二）加强安全管理工作的政治学习

徐矿集团始终把学习贯彻习近平总书记关于安全生产重要论述和重要指示批示精神作为一项重要政治任务。通过召开党委会、党委中心组专题学习会、总经理安全办公会等传达学习习近平总书记重要指示批示精神和上级有关决策部署，并研究制定具体贯彻意见。通过"三会一课"、学习大讲堂、专家讲座、学习培训班等形式组织集中学习，进一步加强理解落实。通过《徐州矿工报》、"徐矿传媒"微信公众号、徐矿电视台等媒体平台，拓展安全教育宣传渠道，扩大宣传范围。通过人才培训中心开展干部职工安全管理思想教育培训，确保安全管理的思想路线、原则做法等入脑入心，全集团安全管理的政治学习有声有色、成效卓著。

（三）强化安全管理工作的政治监督

徐矿集团把安全管理体系落实作为领导干部履职考核的重点事项，把安全管理上的形式主义、官僚主义和失信行为作为政治监督的重大项目。要求各基层单位每年年初向集团公司报告上一年度安全管理履职情况，重点包括落实安全生产责任制和管理制度、安全风险分级管控、隐患排查治理、安全投入、安全教育培训、安全管理标准化建设、职业健康管理和应急管理等方面的情况，同时如实报告本单位安全风险、安全隐患及发生的事故和重大险情。党委工作部根据领导干部的履职情况对年度安全工作进行考评，并给出处理意见，对未如实汇报的领导干部和基层单位取消一切评先、晋级、奖励等资格，切实以严格的政治监督倒逼安全管理责任落实落地。

二、拧紧安全管理思想阀门

（一）主题宣传强化安全思想

充分运用和发挥宣传平台作用，开展形式多样的安全主题宣传，"人人讲安全、人人抓安全、人人保安全"的思想共识在全集团蔚然成风。系统整合电视、井上井下语音广播系统、电子显示大屏、多媒体共享学习教育平台等宣传教育网络，定期发布安全生产相关知识，及时通报安全管理动态；创新构建多媒体"共享"学习平台，包括"煤矿微课堂""安全生产基础知识"等子模块，内容涵盖安全微视频、安全警示教育片、煤矿安全生产基础知识等上千个文本和视频课件，帮助广大干部职工更好掌握安全知识、参与安全管理；创新实施"e课堂"培训模式,采取线上线下相结合的方式,扎实开展职工教育培训工作,推动安全文化内化于心、外化于形。徐矿集团自主创编的"贯彻安全新思想　推进发展高质量"课程入选江苏省干部教育培训名师名课推荐目录,成为140门推荐课程中仅有的两家企业课程之一。

（二）讨论反省引导安全思考

全集团上下开展安全思想大讨论、大反思、大警示活动,以思辨真理进一步厘清安全管理思想。各基层单位分管安全负责人每月对发生的典型"三违"事件进行公开追查,并深入剖析违章原因,组织全体职工对照事故教训进行安全反思活动,全员书写反思材料并上墙管理,切实做到人人敬畏安全,全面守牢安全管理的思想阀门。紧紧围绕"事故为什么会发生？事故的原因是什么？职工在操作过程中有没有进行隐患排查?"等十个方面内容开展事故案例大讨论,引导教育职工认清安全形势,深刻汲取事故教训。在全集团范围内集中开展典型事故案例警示教育活动、安全宣教一条街活动、安全生产警示教育大会、现身说法教育会以及职工代表安全视察、女工"二道防线"等群众性安全活动,推动安全警示教育常态化、制度化,确保事故教训真正入脑入心。

（三）规范学习推动学思践悟

通过规范性教学让职工深学细悟,通过具体性实践对安全管理思想践行渐悟,推动全体职工在体系化、层次化、制度化的学思践悟中,全面增强对安全意识、安全责任、安全操作的领会力和把握力。坚持班组班前十分钟安全教育,指出工作中存在的问题和当班采取的措施,明确任务目标,确保职工对干什么、怎么干、干到什么标准、达到什么质量明白清楚;管理人员通过察言观色、询问检查班组成员的精神状态和身体状况,严格避免职工"带病"上岗。坚持区队每周一次安全学习,根据上级单位及集团公司相关文件、案例等宣贯要求,制订学习计划及学习内容,并由区长、党支部书记带领职工集中学习、讨论和思考。坚持单位每月一次安全大课,年初制订下发年度安全大课计划,每月排定一名副总以上领导干部进行授课,针对生产经营形势、安全事故案例、正反典型事例等进行专题讲解。

三、扛起安全管理主体责任

（一）分线包保,明确高层领导责任

常态化、制度化推进以"走进基层、走进职工、走进困难群体,访民情、访问题、访对策,转变作风、转换思路、转型发展"为内涵的"走访转"活动。领导干部紧紧围绕企业转型发展实际和安全生产形势,与职工交心、为企业谋策、帮基层解困,针对"走访转"调研发现的重大隐患、重点难题等,集团公司和区域公司安排专人现场驻点指导,各基层单位实施矿领导、机关部室、相关辅助单位分线安全包保等制度,切实指导解决安全生产问题,及时化解重大风险隐患。

（二）安全承诺,夯实基层领导责任

坚持全员安全生产承诺制,推行基层单位领导班子定期向集团公司安全生产述职制度。基层单位及时汇报本单位近期安全生产情况,干部职工安全意识提升、主体责任落实、标准化创建等情况。基层单位每年向集团公司做出安全生产承诺,并将单位主要负责人签名认可的安全生产承诺书以书面形式报送集团公司备案。基层各级领导干部及全体职工进行安全生产承诺,领导干部承诺书在本单位公示,接受全体职工监督,全面夯实基层领导安全责任。

（三）监督提醒,落实全体职工责任

开展职工代表安全视察、党员身边"三无"及先锋示范岗活动,落实群众监督员、联保互保等制度;充分发挥职工代表参与企业安全管理的职能,定期开展安全检查,监督作业现场落实煤矿安全生产法律法规和安全生产管理制度的执行情况;开展青年安全监督岗活动,设立青年安全监督岗,每旬开展安全检查、"零点行动";职工现场同组作业人员之间进行安全联保互保,同组施工人员相互监督、相互提醒,倒逼安全责任落实履行。

第三节　细化安全管理,健全安全生产六大体系

徐矿集团坚持人民至上、生命至上,统筹推进高质量发展和高水平安全,以"意识＋责任＋标准化"安全管理体系为统领,健全完善安全生产"六大体系",全力推进安全生产治理体系和治理能力现代化,全面提升本质安全水平。

一、健全完善安全生产责任体系

（一）压实安全主体责任

明确各单位是安全生产的责任主体,主要负责人是安全生产第一责任人,对安全生产工作全面负责。分管安全生产的领导对本单位安全生产工作负直接领导责任,其他分管领导按照"一岗双责"要求抓好分管范围内的安全生产工作。把服务外包、外委单位和异地项目纳入本单位安全生产管理体系,严格执行集团公司煤矿托管管理办法、电力企业外委工程安全管理规定等,统筹加强安全生产管理。

（二）压实全员岗位责任

健全全员安全生产责任制,明确从主要负责人到一线从业人员的安全生产职责。主要负责人签订安全目标责任书。实行矿长安全承诺,对照集团公司《煤矿矿长安全承诺评议考核实施细则》,列入职代会评议,纳入年度安全目标考核。落实以总工程师为首的技术管理体系,对照集团公司技术管理体系要求,配齐技术管理机构和关键岗位技术人员,落实技术岗位责任。单位分管安全负责人负责督促落实集团公司安全工作和安全风险隐患排查整治工作部署,把牢现场安全关。全员签订安全生产保证书,严格执行领导安全包保、职工互联互保制度,压实岗位保安责任。

（三）压实安全监察责任

充分发挥全集团安全监察体系作用,做到信息畅通、上下联动、相互协调、发挥作用。严格执行安全信息日汇报制度,未如实及时汇报风险隐患的按失职追责。煤矿每月完成"2221"治理指标。集团公司安全生产部门、区域公司每月完成"2468"治理指标。有关专业化公司每月治理 1 人次管理人员履职不到位和 2 人次"三违"。各级安监部门坚持原则、动真碰硬、依规监察,及时下达隐患整改通知单,紧盯现场安全隐患、关键环节,现场隐患不处理、规程措施不兑现、安全生产条件不具备坚决停止生产。

（四）压实考核评价责任

严格执行集团公司机关部室管理人员安全风险管理及安全目标考核实施意见和基层单位安全目标考核实施细则,实行全员安全目标考评,提高管理人员激励比重,推行职工逐月递进奖励。执行集团公司"八零"安全目标管理规定和安全一票否决制,强化安全生产过程考核。持续推进党委安全生产巡察、纪委安全履职专项检查。建立责任倒查机制,对不尽职、不履职、不称职人员,实施安全约谈、诫勉谈话、考核问责、党纪追责。

二、健全完善风险防控和隐患排查治理预防体系

（一）加强安全风险分级管控

各单位严格执行集团公司安全风险辨识管控警示报告实施办法,依规开展安全风险辨识评估论证,动态完善和落实风险管控措施。按照制度化、动态化、全面化、科学化要求,扎实开展隐蔽致灾因素普查。煤矿对照《矿山隐蔽致灾因素普查规范大纲》每半年开展一次隐蔽致灾因素普查,重点对未来三年采掘活动区域精查细查。电力、煤化工等非煤单位每年至少组织一次隐蔽致灾因素普查,必要时邀请专家参与,超前防范化解风险。

(二)加强事故隐患排查治理

各单位严格执行集团公司生产安全事故隐患排查治理报告管理办法,牢固树立"隐患无处不在、成绩每天归零"意识,隐患排查做到全过程闭环管理。集团公司各职能部门、区域公司、专业化公司加强检查指导和监督考核,落实基层单位每月、部门每旬、区队每天、岗位每班隐患排查制度,隐患不消除不得生产。严格执行安全举报制度,鼓励职工主动发现事故隐患。健全责任倒查追溯机制,坚持"谁检查、谁签字、谁负责",检查记录留档备查,重大隐患挂牌督办,提升排查整改质量。

(三)加强重大灾害研究治理

对矿井水、瓦斯、冲击地压等重大灾害治理项目提级管控,根据现场变化动态研究分析,优化完善治理措施,实行量化管理考核。推广应用新技术,对重大灾害实施超前治理,以抽采达标、水压疏放达标、超前卸压达标煤量确定安全煤量。建立重大灾害协同解决机制,领导牵头到现场研究解决,技术部门提出技术方案,生产部门指导实施,基层单位编制具体施工措施,安监部门盯住方案在现场不折不扣落实,实现领导牵总研究、部门协同配合、单位抓好落实的联动机制。

(四)加强危险源安全管理

各单位对重大危险源进行登记建档,采用先进技术手段对重大危险源实施现场动态监控,定期检测评估,制定应急预案,完善管控措施。定期组织对安全设施设备进行体检式安全评估,确保始终处于安全可靠状态。加强危险作业安全管控,制定专项安全措施,明确施工负责人和安全负责人,加强现场安全监管,严格执行集团公司电、气焊(割)作业安全管理十条、燃气使用安全管理十条、起吊用链式葫芦安全使用十条、极端天气安全防范十条等规定,对动火作业、大型检修、煤矿密闭启封、巷道贯通、煤仓处理、安装拆除、非煤企业有限空间及高空作业等高风险项目提级管理。

三、健全完善安全生产管理体系

(一)健全安全生产管理制度

严格按照《企业安全生产标准化基本规范》和行业专业标准化评定标准,健全完善安全生产管理制度、操作业务流程和考核标准。及时完善"四新"技术推广应用操作规程和管理制度。定期举办专题辅导、专家讲座,学习新标准、掌握新技术。树牢"规章制度、规程措施就是法"的思想,做到有规必依、违规必究,对照标准严格考核。

（二）强化现场安全生产管理

认真落实"双重预防"机制,把风险当作隐患,把隐患当作事故。各级安全生产管理人员现场检查、值班、跟带班、驻点督导必须下达隐患整改通知单,并督促整改。煤矿推行井下"无视频监控不作业",完善视频系统管理制度。深化安全班组建设,推广区队、班组建设典型经验,定期开展评选表彰和经验交流活动,提高班组自主安全能力。

（三）优化完善生产布局系统

优化开拓布局、合理采掘接续、优选系统装备,强力推进"一优三减",确保系统最优、环节最简、人员最少、布局合理、采掘平衡、"三量"达标。集团公司每半年组织对生产矿井及托管煤矿进行一次系统审查评估。强化煤矿抓掘进保接续,优化掘进工艺、装备和生产组织,提高单进水平和效率。

（四）强力推进产业数智升级

加快推进煤矿智能化建设,按照"减人、提质、增效、保安"目标,实施智能化装备、系统升级,已建成的智能化系统要持续优化完善,常态化运行。积极推进智慧电力、精智化工、精益制造企业建设,应用智能化、数字化技术打造智慧运检新模式,高风险工作区域实现无人化,不断提升本质安全水平。

（五）强化岗位规范标准操作

各岗位工种培训合格率100％,严格执行岗位流程卡、手指口述、安全确认制度,执行职工不安全行为双"90禁",做到令行禁止、上标准岗、干标准活。持续深化"三违"治理,扎实开展党员身边"三无""职工违章干部反思"活动,每月组织典型"三违"公开追查。建立安全生产"黑名单"制度,对作业行为表现差、违章性质严重和违章次数多的人员重点加强管理和帮教。

四、健全完善全员安全教育培训体系

（一）提高安全政治站位

安全生产是"国之大者",必须把安全作为最大政治,摆在高于一切、重于一切、先于一切的突出位置。坚持党对安全工作全面领导,党委会专题研究安全生产工作,把安全生产体系建设纳入党委工作重点研究部署,统领安全工作方向。每月召开总经理安全办公会,研究安全生产重点工作并抓好落实,切实做到守土有责、守土负责、守土尽责,推动安全生产高质量发展。

（二）树牢安全红线意识

深刻认识安全工作的极端重要性,坚决守住"发展决不能以牺牲人的生命为代价"这条红线,时刻牢记"红线"就是高压线,不可触碰、不可逾越。狠抓干部职工安全意识提升,常态化开展安全警示教育,定期组织安全管理大讨论、典型"三违"公开追查、安全宣誓等,切实推动"安全第一"理念深入人心。

（三）加强安全教育培训

完善"三级安全培训"管理体系,突出"三大规程"学习。严格执行企业主要负责人、安全生产管理人员、特种作业人员以及新进职工等培训考核制度和持证上岗制度,未经安全培训教育或考试不合格人员不得上岗作业,不具备相应资格的人员不得从事特种作业。严把从业人员准入关,严格执行以师带徒制度。

（四）加强全员素质提升

坚持"实学、实训、实用"原则,围绕"四新"技术应用和自救器、灭火器使用等,突出实操技能分层次开展差异化精准培训,确保"逢查必考""以考促训"。开展安全生产管理人员及紧缺岗位工种专项集训、"匠心大师送绝活"、职工技能大赛,不断提升职工素质能力。

（五）加强安全主题宣传

利用报纸、橱窗、微信公众号、电视等媒体主阵地,开展多种形式安全主题宣传。开展安全生产月活动,领导人员每季度深入包保区队进行一次专题安全宣讲,每月为职工上一堂专题安全大课。基层单位设立安全曝光平台,针对各工种、各岗位、各环节安全风险隐患,精准设置"安全警醒点",悬挂警示教育牌板。

五、健全完善应急处置防范体系

（一）加强应急救援管理

救护大队强化自身应急能力建设,加强对基层应急救援队伍的建设指导、监督检查和考核。加强应急救援队伍战斗力建设,配足专兼职救护队员,完善应急装备,强化应急备战和训练,提升实战能力。严格执行矿山救护管理十条规定,禁止安排救护队员违规探险作业。完善应急预案,依规开展应急演练。矿井每年至少组织一次综合应急演练或者专项应急预案演练,每半年至少组织一次现场处置方案演练,并进行效果评估。加强全员急救知识培训,提高风险防范和科学自救互救能力。

（二）严格事故报告处置

严格遵守事故报告有关规定，极端天气必须停产撤人。各煤矿严格执行《煤矿灾害情况发生重大变化及时报告和出现事故征兆等紧急情况及时撤人制度》，出现重大变化或事故征兆等紧急情况要及时如实向集团公司汇报，并及时撤人，确保安全。单位主要领导及分管领导应按规定第一时间到达事故现场，立即启动事故应急救援预案，科学规范组织抢险救援，做好事故处置和善后工作。各级值班及调度员要熟练掌握事故上报和应急救援程序。

（三）举一反三整改落实

严格执行集团公司安全生产责任追究办法，按照分级管理、"四必须"和"四不放过"原则开展事故调查，彻底查清事故原因，全面落实整改措施，并依规对有关责任人追究处理。举一反三吸取事故教训，同行业、本地区发生伤亡或涉险事故后，各单位迅速组织开展针对性的安全风险专项辨识，开展排查反思和警示教育，防患于未然。

六、健全完善基础保障支撑体系

（一）加强安全监察体系建设

各类企业健全安全管理机构，明确一名分管安全领导，按规定配备专兼职安全员。煤矿、煤化工、建筑施工等高危行业推行专职安全总监制度。健全安全监察责任体系，完善安全监察管理制度，有效开展安全监察工作。各级安全监察人员以规程细则为准则，以制度措施为依据，严格现场把关，风险隐患不消除不得生产。高度重视注册安全工程师队伍建设，积极鼓励支持学习取证。

（二）加强安全生产投入保障

严格按照国家规定标准提取安全费用，并足额使用到位。基层单位每年初根据年度生产计划，围绕灾害治理、系统改造、装备升级、智能化建设、教育培训、应急救援、职业健康等编排年度安全费用使用计划，实行项目化运作，所需费用列入年度预算。对安全生产投入资金严格落实到项目，实施项目化管控。集团公司职能部门定期组织检查验收，确保安全资金用到实处。

（三）全面推进标准化提档升级

基层单位认真落实煤矿井下标准化十一条、地面标准化十条规定，严格执行旬检查、月考核制度，定期召开标准化现场点评会、推进会，构建自主达标、动态保持、持续改进长效机制，坚持工程质量动态达一级，否则停产整改。集团公司加强统筹协调和指导创建，进行动态检查和季度验收，按照各占50％综合评定考核,不断提升标准化动态达标水平。

(四)全面加强职业健康管理

明确专门管理机构和人员,大力推广降尘、降噪、降温等新装备、新技术,着力改善现场作业条件。加强职工健康排查和监护工作,按规定做好职工上岗前、在岗期间、离岗时的职业健康体检,不得安排有职业禁忌症的职工从事所禁忌的工作。严格按照国家或者行业标准为职工发放劳动防护用品,督促教育职工正确佩戴、使用,并建立发放台账。按照国家及地方有关规定为职工投保安全生产责任险。

(五)大力推进科技兴安战略

科技创新是安全生产的第一保障力。围绕瓦斯、水、火、冲击地压防治等安全重大难题科研攻关、引才借力,解决一批重大问题,产生一批科技成果。支持安全生产先进技术的推广应用,提升在线监测、远程控制、预防性检修等技术水平。禁止使用应当淘汰的危及生产安全的工艺、装备,禁止使用未经检验合格、无安全保障的特种设备。充分发挥各类科技研发平台作用,加快技术成果转化和推广应用,全力提升重大灾害防治水平。

第四节　完善体制机制,强化安全管理制度保障

安全管理体制机制是企业安全管理系统的结构和组成方式,规定了企业各职能部门和层级的安全管理范围、权限职责、利益及其相互关系的准则,其核心是安全管理机构的设置、各管理机构职权的分配以及各机构间的相互协调,其健全程度直接影响安全管理的效率和效能。建立完善安全管理体制机制,要通过制度化、规范化的管理方式,保障企业的生产安全和企业职工的生命安全,推进企业高质量发展。近年来,徐矿集团坚持以"企业负责、行业管理、国家监察、群众监督"的总体安全管理体制为依托,建制度、强机制、抓落实,不断完善安全管理事业发展的制度框架。

一、健全安全管理组织体系

安全管理的组织领导体系是企业安全管理的核心设置,完善的组织领导体系可以帮助企业更好地协调各部门、各子单位、各矿区的工作,确保企业安全管理的整体运转,严密的组织体系及其所形成的领导力,能够保障企业安全管理决策的科学性及贯彻落实,保障企业安全管理目标的实现。

（一）完善安全管理领导体系

徐矿集团不断完善以党政主要负责人牵头、副职领导专职负责以及各构成单位全面参与的层级完整、责任清晰的安全管理领导体系。以公司安全生产委员会为核心，设立包括安全监察部和环境保护部在内的专项安全监察机构，区域子公司相应设置安全监察机构，形成了集团公司、职能部门（区域分公司、专业化公司）和生产单位三级垂直管理体系，各职能部门（区域分公司、专业化公司）按照管理范围行使安全管理职权，对各自分管领域承担安全管理责任。定期召开集团公司党委会、总经理安全办公会等安全专题会议对安全管理重点工作进行研究部署，进一步健全安全管理机构，配齐安全生产管理人员，建立并落实以总工程师为首的技术管理体系，为推进安全治理体系和治理能力现代化走在全国行业前列奠定了组织保障。

（二）完善"五位一体"责任体系

划分责任范畴是制度落实的关键。徐矿集团按照"党政同责、一岗双责、齐抓共管、失职追责"的要求，严格落实党政领导班子成员、行业部门、企业安全责任"三张清单"，坚持党政领导班子及成员年度安全生产履职报告制度，健全各级安委办、专委会工作制度，明晰企业落实主体责任的具体规范，建立起"集团统领、单位主体、区队自理、班组自治、岗位自主"五位一体的责任体系，创新构建出 24 小时"不打烊"式安全管理格局，实现集团公司全面负责安全生产管理工作，对全集团安全管理工作进行统一决策、组织、协调、检查、考核；各职能部门按照管理范围履行安全管理职责，对分管领域重大安全生产问题执行现场研究会商解决；基层单位严格落实安全主体责任，做到责任履行、安全投入、安全培训、安全管理、应急救援五个到位。

（三）创建"五型"班组管理模式

班组是企业安全生产的重要基础和第一防线，各区队、班组对管理范围内安全生产制度落实、标准化创建、安全风险防控、隐患排查整改、"三违"治理以及上级指令执行等工作负主体责任。徐矿集团创新实施"五型"班组创建活动，围绕班组安全自主管理、精准管控、能力提升等方面，优化完善班组运行、劳动组织、节点管控等流程，规范工作标准，完善作业工序，形成以安全为主体、以规程为依据、以制度为保障、以表单为支撑的班组安全自主管理模式，致力打造政治型、安全型、管理型、创效型、和谐型"五型"班组，全面提升班组安全能力，打通安全生产最后的责任"堵点"和"断点"，确保安全责任"落地生根"。

二、建立安全管理制度体系

安全生产管理制度是企业、组织内部的管理规范,是包括风险管控制度、安全生产责任制、安全生产标准化制度、安全教育培训制度、安全生产监督核查制度、事故应急救援制度等在内的制度系统,是提升安全生产管理水平的保障。近年来,徐矿集团依据《中华人民共和国安全生产法》《江苏省安全生产条例》等法律法规标准和省、市有关部门要求,逐步健全完善安全生产责任制、安全办公会、安全检查等各类安全管理制度、规定、标准、办法,形成了一整套合规完备的安全管理制度体系。

（一）建立安全生产责任制度,夯实管理基础

责任制度是安全管理制度的核心。近年来,徐矿集团围绕界定落实不同层次、单位、主体的安全责任,坚持"谁主管谁负责、谁审批谁负责"原则,出台了一系列相关制度和办法,打破了安全管理责任的制度藩篱,真正形成了横到边、纵到底、无缝隙的安全责任体系。2013年,印发了《关于〈加强煤矿建设安全管理规定〉的实施意见》,致力于强化煤矿建设项目安全管理,规范建设程序和安全责任;2015年,根据江苏省安委办《企业安全生产承诺和报告制度》和江苏煤矿安全监察局《江苏煤矿安全生产承诺和报告制度》的要求,制定下发了《徐矿集团安全生产承诺和报告制度》,加强了各单位的安全生产诚信管理,促进各单位安全生产主体责任有效落实;2021年,印发了《徐矿集团"意识＋责任＋标准化"安全管理体系实施办法》(徐矿〔2021〕6号))、《徐矿集团"意识＋责任＋标准化"安全管理体系建设九条》(徐矿〔2021〕40号)、《徐州矿务集团有限公司安全生产责任制》(徐矿〔2021〕111号)以及相应的落实办法,为全面提升安全治理体系和治理能力现代化提供了制度保障。

（二）完善安全风险管控制度,厘清管理边界

近年来,徐矿集团坚持"预防为先"的安全管理基本原则,持续更新完善风险管控制度,不断加强企业生产过程中的风险评价、风险控制、风险信息更新以及重大危险源的风险管理,有效预防安全事故发生,实现安全技术、安全管理标准化和规范化。2012年,严格贯彻落实"安全第一、预防为主、综合治理"的安全生产方针,构建了煤矿安全长效机制,制定下发了《徐矿集团安全生产预控体系(试行)》,超前防范各类事故发生。同年,为发挥领导干部下井带班指导、协调和监管职能,提高带班质量和效果,制定下发了《徐矿集团领导人员下井带班告知制度》。2014年,为发挥安全生产的群众监督作用,鼓励干部职工举报重大安全隐患和违法违规行为,制定下发了《徐矿集团安全举

报制度》。同年,为深化"三违"治理,规范职工操作行为,遏制因人的不安全行为造成的各类事故,制定下发了《关于深化"三违"治理工作的指导意见》《关于职工安全互保联保的指导意见》等。2020年,为规范煤矿托管管理,防范由于托管模式而引致的各类风险管控缺失,制定下发了《徐州矿务集团有限公司煤矿托管管理办法(试行)》。此外,"机关岗位工作规范手册""危险化学品企业安全风险隐患排查治理导则""辅助运输管理制度""矿井安全生产管理'90禁'""矿井作业人员站位'90禁'""七条安全红线"和"安全红线、黄线"等一系列具体制度不断出台,为徐矿集团堵源头、抓关键、强能力,全面消除安全风险隐患提供了完善的制度依据。

(三)建立安全工作奖惩制度,推动管理落实

为激发职工安全工作的热情,推动安全管理制度落实见效,徐矿集团建立了安全工作奖惩制度,注重通过奖安罚漏推动安全管理体系健全完善,确保企业生产经营活动在安全的道路上稳步前行。实施递进式安全奖励制度,出台《逐月递进安全奖励办法》,对安全效果好的单位给予重奖,并足额兑现奖励。对安全生产方面出现问题的个人和单位严格实行一票否决制。全面推进党委安全生产巡察、纪委安全履职专项检查等,通过实施安全约谈、诫勉谈话、考核问责、党纪追责,营造不敢失职、不能失职、不想失职的良好态势。近年来,针对政治站位不高、红线意识不强、安全责任缺失、隐患排查不扎实、安全管理考核宽松软等重点问题开展的"大排查大整治大提升"活动,累计排查出集中整治问题2 000多条,修订完善安全管理制度640多项,全集团安全管理制度体系得到显著强化。

三、建立安全管理工作机制

(一)建立安全问题现场协商工作机制

为解决安全管理中的跨部门、跨领域、跨地区问题,徐矿集团结合自身产业涉及地域广、安全管理难度大等实际情况,建立了各职能部门按照管理范围行使安全管理职权以及对分管领域重大安全生产问题实行现场研究会商解决机制。对于影响安全生产的事项,单位主要负责人组织进行现场会审并提出解决方案;对于风险较大的安全生产问题,由集团公司或区域公司安排专业人员协助会审解决,必要时上报集团公司进行安全论证,坚决不强令冒险作业,确保在安全可靠、技术可行、经济可行的情况下组织生产。此外,定期召开安全生产工作例会,及时贯彻上级的安全生产指示,针对安全生产中的重大问题和隐患,制定解决的措施,相关单位负责人深入现场检查了解矿井的安全生产状态,组织

矿井隐患排查工作,监督隐患治理落实整改情况,制定监督、落实重大危险源的安全管理措施。

(二)建立安全责任评估考核工作机制

根据制定的《基层单位安全目标考核实施细则》等文件,定期督促检查业务保安、安全生产责任制及考核细则、安全生产管理等制度的落实情况,依规调查考核问责,履行安全监管责任,确保全员安全责任压紧压实、相关安全措施落地落实。实施安全生产积分动态考核,对照安全生产责任清单,严格安全目标考核,考核结果纳入绩效管理,同时科学运用安全生产考核结果,建立安全生产绩效与履职评定、职务晋升、奖励惩处挂钩制度。严格落实安全生产"一票否决"制,年度内安全生产中因违反规程措施造成二级及以上生产事故或重伤及以上人身事故、被查处严重"三违"或一般"三违"两次以上的干部职工在年度考核中不予通过。制定安全"黑名单、黄名单"管理制度,切实抓好现场人员作业行为及干部履职。严格执行管理人员履职积分制,季度内累计扣 15 分以上的管理人员,按规定停班学习。

(三)建立安全问题双重预防工作机制

面对煤矿地质条件越来越复杂,矿井冲击地压、水、火、瓦斯、地热等灾害威胁日益突出等问题,徐矿集团将安全管理工作关口前移、重心下移,聚焦安全风险隐患源头治理,全面推进安全生产治理模式向事先预防转变。持续完善安全风险分级管控和隐患排查治理"安全双重预防机制",每年开展煤矿事故灾害专项治理,及时完善专项措施和灾防措施,要求各单位、各部门认真分析研判安全形势,全面排查风险隐患,对所有工作地点、人员经过的场所、管理范围内的风险隐患都要提前"排查清、研究透",并制定切实可行的管控措施。在此基础上,大力实施安全包保、安全确认等制度,建立风险、隐患排查和整改三个清单档案,及时对照整改、闭环销号;大力实施科技兴安战略,落实科技防灾和技术治害等措施,推动重大灾害超前治理,严防系统性安全问题、严控重大安全风险、严守安全红线底线。

(四)建立领导干部值班跟班工作机制

制定完善领导干部值班跟班工作制度,进一步压实领导干部责任,强化现场管控,确保管理干部能够及时发现、适时处理各种可能导致安全事件的问题,强化安全管理工作意识和责任心,提高工作素养。领导干部严格执行 24 小时跟值班制度,每日深入生产现场进行安全巡查、指导安全工作,一旦发现问题,现场及时处理,确保每天安全生产。

此外,根据国家、江苏省关于安全管理相关工作要求,徐矿集团还建立健全应急救援管理机制、隐患治理监督机制、安全生产领域改革发展工作督查督办机制,着力构建责任体系严密、法治严格、体制顺畅、机制健全、保障有力的安全生产现代化治理体系,切实增强安全风险防控和隐患治理能力,大力提升安全生产整体水平。

【典型案例】

陕甘分公司的制度化机制建设

根据徐矿集团授权,陕甘分公司对区域内郭家河煤业公司、新安煤业公司和百贯沟煤业公司等三对矿井实施安全监管。因地跨陕西、甘肃两个省区,矿井水、火、瓦斯、软岩、冲击地压等自然灾害较为严重,安全管理工作难度大。自安全生产专项整治三年行动实施以来,陕甘分公司始终坚持问题导向、目标导向和结果导向相结合,把排查整治与建章立制贯穿全过程,突出抓好"宣传贯彻习近平总书记关于安全生产重要论述"和"落实企业安全生产主体责任"两个专题以及统筹安全生产各专项整治方案实施,相继采取了一系列推进安全生产专项整治三年行动的举措,形成了常态化、制度化安全管理工作机制。近两年,持续深化完善"意识+责任+标准化"安全管理体系建设,先后制定下发了《陕甘分公司区域管理人员安全履职"十项"清单》《陕甘区域重点工程及"四个一"创建安全生产包保责任清单》《关于开展样板工程创建活动的通知》等制度文件,并通过狠抓管理人员安全作风建设,切实增强了各级管理人员的责任意识和责任担当,有力有效保障了安全生产形势稳定向好。

第五节　聚焦落实执行,确保治本攻坚措施到位

为深入贯彻落实习近平总书记关于安全生产系列重要指示批示精神,根据《江苏省安全生产治本攻坚三年行动(2024—2026 年)实施方案和 2024 年重点工作任务》的精神,徐矿集团结合企业实际制定了《徐矿集团安全生产治本攻坚三年行动实施方案和 2024 年重点任务清单》,坚持小切口、抓关键,聚力实施治本攻坚"八大行动",即重大风险源头管控提升行动、重大事故隐患动态清零行动、科技创新支撑能力提升行动、产业升级数智化打造行动、安全基础设施提质增效行动、完善安全管理体系建设行动、全员安全素质能力提升行动和安全监管监察能力提升行动,统筹安全生产全过程、全链条,以"时时放心不下"的责任感抓实抓细各项工作,真正让安全工作成为行动自觉。

一、层层落实八大责任是关键

（一）责任落实明确到人具体到事

落实，是指计划、措施、政策等得以实现的程度。卓越的执行落实能力是任何企业和管理者应该具有的基本特征之一，如全面质量管理的 PDCA 循环工作模式，本质上就是一个"执行保证"模式。在安全管理这一抓细节、抓平时、抓长久、抓坚持的特殊管理领域中，制度的执行落实能力和水平甚至要超越决策能力，成为企业安全管理的"晴雨表"。强化制度执行，首先要明确执行权力的问题，即要将安全管理的责任明确到人具体到事。

（二）徐矿集团以责任落实强化安全管理制度执行

徐矿集团压紧压实主要负责人、技术负责人、安全副职领导、区队长、班组长、职工等的安全责任，强化安全制度落实执行。制定完善覆盖企业主要负责人到一线从业人员的安全生产责任清单，层层签订安全承诺书，切实把安全责任落实到现场、落实到岗位、落实到个人。下属张双楼煤矿从危险预知、安全确认、安全站位、流程作业四方面入手，针对采煤工、液压支架工、综掘机司机等130 个专业工种和党支部书记、区长、技术员、班组长等 19 个通用工种的作业流程标准，编发职工岗位工作流程卡片 6 452 张，内容包括岗位注意事项和操作规程，被列入全国煤炭行业 60 个推广的管理方法；开展的安全隐患"双排查"活动，突出抓好安全不放心的人和现场隐患的排查治理、超前预控，入选全国煤炭行业 20 个推广的管理制度。

二、健全安全管理标准是依据

（一）标准化建设健全夯实管理基础

安全生产标准化建设是安全生产的重要基础工作，是改善安全生产条件、强化安全基础管理、建立安全生产长效机制的根本途径。安全生产标准化建设的实质是安全管理制度和操作规程的规范化，只有明确安全生产操作标准，规范安全生产行为，让各生产环节符合有关法律法规和标准规范的要求，各要素环节都处于良好的生产状态，才能够从根本上预防生产事故的发生，实现企业安全管理目标。

（二）徐矿集团以标准化建设强化安全管理制度执行

徐矿集团高度重视安全生产标准化创建工作，将其作为保障安全生产的重要基础工作重点部署，并列入年度安全工作目标持续推进。集团公司成立安全生产标准化办公室,建立安全生产标准化建设长效机制,并坚持日常动态抽查、季度达标检查和季度评级通报考核制度,定期组织召开安全生产标准化现场会、推进会。明确基层各单位是安全生产标准化创建的责任主体,单位主要负责人是本单位安全生产标准化创建的第一责任人,生产副矿长、机电副矿长、总工程师负责各自分管专业的安全生产标准化创建工作,安监副处长负责组织对安全生产标准化检查验收,严格执行基层单位领导参与旬检查、月考核制度,严格落实执行岗位操作流程卡、双"90禁"、"安全红线、黄线"等做法,明确纪律规矩,有效破解现场标准化操作不规范问题。

三、加强安全监督反馈是保障

(一)监督反馈规范到位、科学高效

监督反馈考评是制度落实的保障系统。企业安全管理高质量发展,要健全完善安全监察工作机制,配齐专兼职安全监管人员,理顺监察管理工作体制,建立安全监察汇报机制、协调联合监督机制,做到权责明确、运转顺畅、监管到位,形成科学高效的监察工作长效机制。

(二)徐矿集团以监督反馈推动安全管理制度执行

徐矿集团坚持全员安全目标考评,印发了《基层单位安全目标考核实施细则》,进一步强化全员安全诚信和责任落实,调动广大职工抓好安全生产的积极性。建立责任倒查机制,对不履职、不尽职、不称职人员,开展安全约谈、诫勉谈话、考核问责、党纪追责;对重大隐患和突出问题,一律倒查各级管理人员责任。持续推进党委安全生产巡察、纪委安全履职专项检查,将干部安全履职纳入整治重点检查内容,对于贯彻落实集团公司会议决策、安全生产责任制落实、下井带班作业、"三违"治理、安全事故处理等方面存在的问题进行通报,对履职不到位人员依规问责,安全监察部门对领导干部下井带班和"三违"治理等制度落实情况逐月通报考核。

【典型案例】

华美建投集团安全专项整治

华美建投集团隶属徐矿集团,以地产开发、建设施工、建设服务、物业管理为主要发展方向,从业人员结构复杂,呈现出自有职工和劳务人员并存、高中低学历兼具、安全意识参差不齐的状况,同时存在安全管控难,土建、钻探、社区等多领域安全危害较多,高处坠落、物体打击、机械伤害、触电、坍塌等灾害较为普遍的情况。

近年来,华美建投集团深入学习贯彻习近平总书记关于安全生产重要论述,扎实开展安全生产专项整治三年行动,形成建设领域专项整治行动工作机制,谱写了建设领域安全稳定发展新篇章。

一是政治站位高。把安全作为最大政治,坚决扛起建设领域专项整治政治责任,深入学习贯彻习近平总书记关于安全生产重要论述、重要指示精神,认真贯彻党中央、国务院、江苏省委省政府、徐州市委市政府等有关决策部署,引导广大干部职工从讲政治的高度抓好安全生产工作。

二是意识层位高。坚持职工至上、生命至上,把习近平总书记关于安全生产重要论述列入党委理论学习中心组和党员、职工学习计划,在"华美建投集团"公众号、《建筑信息》《长城宣传》等平台编发习近平总书记关于安全生产重要论述学习专刊。

三是整治要求高。把专项整治三年行动作为安全工作龙头,把压紧压实整治责任落到实处,把狠抓行动落实贯穿全过程,集团本部、基层单位、施工项目部逐级签订安全目标责任书,进场职工签订联保互保责任书,组织开展职工代表巡视、青年监督岗、女工"二道防线"活动,全面织密织牢安全防线。坚持问题导向,坚持标本兼治,全面排查安全生产盲区漏点,整治制约安全生产的基础性、源头性矛盾问题,把各类风险隐患消除在萌芽状态。

第六节　建设安全文化,筑牢安全管理内在根基

企业文化是企业的生存灵魂,安全文化是企业文化的重要构成部分。徐矿集团的企业文化在发展历程中因势而成、应运而生并有序传承,其价值观念、道德行为准则具有鲜明的徐矿特色,全面而细致地渗透在企业安全管理、技术创新、改革发展、生产经营、民生福祉的方方面面,并随着企业的变化发展而传承更新。建设、传播、内化安全文化,深深筑牢了徐矿集团安全管理的内在根基。

一、多措并举形成企业安全文化

(一)徐矿集团"家"文化理念的持续发展

徐矿集团高度重视企业文化建设,坚持以正直、自助、协同、分享的先进观念为引领,不断丰富和完善企业文化内涵,传递正能量,提振精气神,切实打造极具转型升级特质的企业文化,引领"徐矿之治"全面实施。2017年,全面提出以发展高质量、过上好日子为"家"的核心价值观,以实力强、职工富、形象好为

"家"的愿景,以把企业效益实现好、把职工利益维护好、把社会责任履行好为"家"的使命,以坚守、奋斗、担当、情怀为"家"的精神,构建形成创新文化、创业文化、安全文化、和谐文化、生态文化、廉洁文化、法治文化七个内在关联、相辅相成的"家"文化体系。随着企业转型发展不断升级,徐矿人创业发展奔赴天南地北,徐矿"家"文化也得到了强化、提升、规范。"企业是我家,发展靠大家"的文化理念得以确立,进一步提高了职工的归属感、幸福感、责任感、自豪感,实现了家有所居、情有所寄、责有所规、业有所兴,全集团上下凝聚成一个充满战斗力的整体,形成强大的向心力和凝聚力。

（二）企业安全文化的形成路径

徐矿集团多渠道、多途径深化安全文化建设,突出抓好"文化引领、教育培训、自主管理、行为养成"四个环节,让"本安徐矿、生命至上"成为徐矿集团鲜明的安全文化。一是强化主题宣传,通过在企业的各种宣传平台、媒体、会议和上级的多种报纸、杂志、网站上进行广泛深入的安全文化宣传活动,确保安全文化理念深入人心,并运用到工作决策中、贯穿到制度管理中、落实到职工行为中。二是加强对安全文化建设的组织领导,构建形成党委领导、党委工作部门主抓、其他部门配合,长效维护、系统推进的工作格局。三是加强企业文化软硬件投入,先后建成徐矿客厅、职工文体活动中心、职工疲劳恢复室、心理咨询室等多种文化场所,营造安全发展的良好氛围。徐矿集团营造出的"安全生产、人人有责"的全员安全氛围,让全体职工深刻认识到,无论是为了自己的"小家",还是为了企业这个"大家",安全规范都必须时时刻刻挂在心上,从而有效推动安全理念成为广大职工共同的行为准则。

二、多管齐下应用企业安全文化

在安全文化的塑造融合下,徐矿集团积极应用安全文化,率先在全国煤炭行业提出"本质安全"管理理念,创新实施"意识＋责任＋标准化"安全管理体系,强化全员安全意识,落实各级安全责任,推动全岗位标准化操作执行到位,有力保障生产流程中人、物、系统、制度等诸要素的安全可靠与和谐统一,确保各种危害因素始终处于受控状态,实现思想无懈怠、管理无空档、设备无隐患、系统无阻滞,达到质量零缺陷、安全零事故、人员零伤害。强化思想引领,以亲情安全协管为抓手,丰富形式、创新载体,积极与职工家属互动,把亲情、温情和关爱融入安全生产工作中,推动群众安全工作接地气、引共鸣,在全集团营造出"关注安全,关爱生命"和"生命无价,安全有情"的浓厚氛围,筑牢了安全生产的"二道防线"。徐矿集团安全文化氛围的形成对企业全过程、全环节安全运行产生了潜移默化的影响，职工从进入工作场所开始，无论工作、休息、用餐、娱乐，时时刻刻都能够感受到"安全为大、生命第一"的提醒，家人的照片、家属的叮咛在身边如影随形，对自己负责、对家人负责、对企业负责成为不需要思考的下意识反应，文化成为塑造安全行为、推动企业安全管理发展的最牢固的内生力量。

三、勇于创新丰富企业安全文化

"家"文化是爱的文化。徐矿集团坚持把职工当家人，持续深化以"百年徐矿、业兴家旺"为主题的"家"文化建设，牢固树立以职工为中心的思想，把"让全体徐矿人都能过上好日子"作为使命追求，统筹兴家业、厚家底、惠家人，按照"稳岗位、增收入、提待遇"总要求，突出抓好底线、基本、质量"三大民生"，关注弱势群体、困难家庭、特困户"三大群体"，做好涨工资、提待遇、美环境"三件大事"，构建"三三民生"保障体系，在岗职工收入实现翻番进入全煤行业前列，坚决兑现了"不让一名职工下岗"的庄严承诺。出台产业工人队伍建设改革"十条"和"双十"行动，创新实施"139 人才工程"（1——"满眼都是人才"理念；3——人人是人才、人人能成才、人人展其才的"三才"工作法；9——人才"九条"），实现身份限制、比例约束、学历门槛、平均主义、帮扶上限、津贴范畴、额度限制等"十大突破"，产业工人政治、经济、社会"三大地位"显著提升，荣获全国劳模、大国工匠等省部级及以上荣誉的达 12 人次。推动形成以真情为基础、有共同的心理定式和价值取向，渗透入企业的基本信念、共同理想、奋斗目标、价值观念、竞争意识、道德规范和行为准则等方面的优秀"家"文化，推动企业和职工形成利益共同体，全体徐矿人对企业的归属感、认同感、自豪感明显增强。

【典型案例】

张双楼煤矿"家"文化建设

张双楼煤矿深入学习贯彻习近平新时代中国特色社会主义思想，牢固树立以职工为中心的发展思想，始终把职工当家人、视职工如亲人、让职工当主人，推动构建职工与企业命运共同体，让广大干部职工感受到更多的"岗位安全感、工作成就感、事业自豪感、企业归属感、生活幸福感"，用"家"文化塑造出良好的企业形象，凝聚起全矿职工的智慧和力量，共同把企业大家庭建设好、维护好、发展好。

一是建设红色之家：坚定信仰信念；建强战斗堡垒；淬炼先锋行动。

二是建设平安之家：树牢安全发展理念；扎实开展安全生产专项整治行动；强化安全生产标准化管理体系建设；坚持科技保安；固化行之有效的安全经

验做法。

三是建设殷实之家:牢牢抓住煤炭"龙头"指标不放松;着力推进"两个示范"矿井建设;全面推动国企改革三年行动暨对标世界一流管理提升行动。

四是建设廉洁之家:强化党规党纪教育;制度化推进"三讲五心"教育;强化监督执纪问责。

五是建设美丽之家:建设生态环保矿山;抓好生态修复治理;全面推进矿区绿化美化工程;注重道德品行建设。

六是建设和谐之家:持续深化"走访转"活动;不断完善国有企业民主管理制度;倾力为职工办好事实事。

张双楼煤矿切实凝聚起共建共维共享企业美好大家庭的强大合力,筑牢安全管理的内在根基。

第八章 经验启示

安全生产工作只有"进行时"，没有"完成时"。习近平总书记指出，"坚持统筹发展和安全，坚持发展和安全并重，实现高质量发展和高水平安全的良性互动"①，为徐矿集团开创高质量发展崭新局面指明了方向、提供了遵循。徐矿集团"意识＋责任＋标准化"三位一体安全管理体系探索实践，在思想层面辩证地厘清安全与发展的关系，在理论层面拓宽了理论框架，丰富了学术视角，解析了实践规律，在经验层面坚定不移走生态优先、节约集约、绿色低碳发展之路，持续完善安全管理体系，以安全发展理念推动企业数字化智能化建设提档升级，发展循环经济模式，加快实现高水平科技突破和应用，实现发展性和安全性的内在交融，其学术提升和实践硕果形成了具有借鉴推广意义的安全管理模式。

第一节 学术意义

安全生产关系到广大人民群众的生命、财产安全，也是企业根本利益的体现。随着我国经济快速发展和社会全面进步，在深化改革、发展社会主义市场经济条件下，安全生产管理工作面临着许多新情况、新问题。如何做好新形势下安全生产管理工作，是摆在我们面前的一项重大课题。徐矿集团从安全管理和安全生产的本质内涵出发，构建"意识＋责任＋标准化"的安全管理体系，研究这一典型案例，对扩展我国安全管理的理论研究视野、丰富研究视角、形成理论样本具有重要意义。

一、拓宽理论框架

徐矿集团"意识＋责任＋标准化"的"三位一体"安全管理体系创新研究，以

---

① 习近平：《习近平谈治国理政：第四卷》，外文出版社 2022 年版，第 390 页。

生态系统理论的架构为基础,在微观系统、中观系统和宏观系统之中进行层次递进,揭示了安全生产的内在规律,提升了安全管理理论研究的逻辑性和严密性,拓展了安全管理理论的研究框架。

一是形成了理论研究的层次性。徐矿集团安全管理体系创新研究将安全生产置于大安全大发展的系统环境中进行考察,形成了个体之间、个体与企业之间、企业与政府、社会、其他企业之间的螺旋式交互上升理论结构,演绎了安全管理理论的完整体系。在微观层面,研究提炼了能源资源类企业在管理过程中个体与个体间的互动关系,既包括领导人员、管理人员与操作人员在制度规范下的良性交互和影响体系,也包括企业职工个人与其团队成员在安全生产中的共同体建构过程,及其共同体意识所发挥的正向促进作用。在中观方面,阐述了企业与个体间的关系,讨论了企业制度系统、文化系统、运行系统对个体安全观的影响与内化过程,以及个体如何通过安全管理意识的提升降低安全生产事故的发生的双向嵌入过程。在宏观层面,阐述企业与政府、社会主体之间的互动关系,将企业安全管理置于"大安全大应急"的时代背景之下,阐释"安全即发展"的深层逻辑,充分论证企业安全管理的现实需求和发展意义。

二是促进了理论系统的交融性。徐矿集团安全管理体系创新研究立足于生态系统理论,着眼于系统间的交叉和融合,一方面通过宏观、中观、微观三个层次的解析和互促,解释安全生产与环境要素间的互动网络、互动关系、互动逻辑,及其作为一个社会系统对组织和个人发展的重要影响;另一方面借助系统思维将安全管理意识、安全管理责任和安全管理标准化进行融合,实现"三位一体"协同促进企业安全管理能力提升。

三是拓展了理论研究的边界。徐矿集团安全管理体系创新研究通过归纳推理和逻辑演绎的科学方法,将新时代背景下的企业安全管理体系的核心要素概念化、抽象化,将边界清晰、内涵丰富的概念演绎表达为具有连续性和推广性意义的观点和表述,形成完整的理论体系,既提高了企业安全管理的理论上限,也拓展了生态系统等相关理论的实践边界,具有较高的理论价值。

二、丰富学术视角

通过对安全管理及安全管理意识、安全管理责任和安全管理标准化的系统阐述,进一步推进和完善了安全生产及安全管理意识、责任和标准化的研究,丰富了学术视角。

一是丰富了安全生产和安全管理研究。安全管理对于当今经济社会全面可持续发展显得更为迫切和重要。基于事故预防和风险管理的理论与实践重在生产安全管理,极易把"预防"和"救援"割裂甚至对立起来,与新时代安全发展理念、系统思维和构建安全生产大格局的要求存在很大差距。在社会化大生产的新形势下,应尽快建立和完善"预防、处置、救援"一体化安全生产管理体系,从经济、社会、文化、政治等全要素探索和研究新时代安全生产。

二是完善了安全管理责任内涵,丰富安全管理责任的认知及实践路径。通过开展安全管理责任研究,深入探讨安全管理责任的内涵、外延、来源和实现方式等,进一步加深对安全管理责任的认识。有助于探索如何将安全管理责任转化为实际管理行为,提高企业安全生产水平,降低安全事故发生率。

三是构建了安全管理意识形成机制,提高职工安全管理意识和行为水平。安全管理意识的形成与多种因素相关,包括个人经验、教育背景、社会文化等因素。通过研究安全管理意识的形成机制,深入了解安全管理意识的内涵和外延,了解职工安全管理意识和行为水平的现状和存在的问题,并提出针对性的培训和教育措施,为安全生产管理提供理论支持,推动安全生产管理的创新和升级。

四是推动了标准化和规范化的安全生产体系建立。通过开展安全管理标准化研究,推动安全生产管理的规范化和标准化,提高企业的安全生产水平。同时通过深入了解不同行业和企业的安全管理标准化现状和存在的问题,提出改进建议,促进安全生产标准体系的建立和完善。

三、解析实践规律

创新"意识＋责任＋标准化"安全管理体系研究的重要意义之一,就是通过解析实践规律,为企业、职工的行为发展提供指导。

一是为企业制定规范化、标准化的安全管理细则提供参考。通过对安全管理、安全管理意识、安全管理责任、安全管理标准化等相关问题的分析研究,帮助企业建立规范化的安全生产管理体系,制定科学合理的安全生产标准和规范,提高企业的安全生产管理水平。

二是为企业提高安全管理的效率和效益提供思路。通过安全管理制度研究,帮助企业建立完善的安全管理责任制度,明确各级管理人员和职工的安全生产职责和义务,提高企业安全生产管理的效率和效益。

三是为企业提高职工的安全管理意识和安全素养提供理论和逻辑支持。徐矿集团通过安全管理体系的创新发展,为职工在更高维度上关注个体安全、家庭安全和企业安全提供了合理充分的逻辑支撑,使职工安全意识及行为成为有源之水、有根之树。

四是为企业减少安全事故的发生,完善保障职工生命财产安全的举措提供思路。通过本质安全研究,帮助企业发现和解决安全生产中存在的问题,加强安全防范措施,减少安全事故的发生,保障职工的生命财产安全。

第二节　创新价值

2020 年 8 月 24 日,习近平总书记在经济社会领域专家座谈会上指出:"实现高质量发展,必须实现依靠创新驱动的内涵型增长。我们更要大力提升自主创新能力,尽快突破关键核心技术。这是关系我国发展全局的重大问题,也是形成以国内大循环为主体的关键。"[①]创新是推动社会进步和经济增长的重要引擎,徐矿集团"意识＋责任＋标准化"三位一体安全管理体系通过理念创新、制度创新、机制创新、实践创新推动了能源资源类企业发展性与安全性相融合,低消耗与可循环互促进,高质量与高效益双提升。

一、发展性与安全性相融合

发展是安全的基础,安全是发展的条件。面对国际能源需求结构的变化、社会主义现代化建设新阶段和高质量发展新形势的要求,徐矿集团秉持为发展求安全、以安全促发展的理念,守正创新,深入推进高质量发展和高水平安全动态平衡、相互促进、有机融合,更好地服务于江苏省能源安全格局构建,以更加过硬成果为中国式现代化江苏新实践作出徐矿贡献。

(一)求安全发展历史之证

从历史维度来看,统筹发展与安全无疑是扎根和绵延在中华民族漫长奋斗历程中的原初性、根基性理念。早在典籍《易经》中,居安思危、趋吉避凶的忧患意识就已经得到生动表达与深刻阐释,其蕴含的风险思维和生存智慧也为中华民族在漫长的历史中跨越波折、发展壮大确立了精神向导。伴随着工业化的进程,大量生产事故给工人阶级带来了巨大的伤害。一百多年前马克思、恩格斯就深刻批判了资本主义社会不顾工人死活的恶劣安全生产状况,提出了保护劳工权益、促进人的全面发展的思想。在马克思、恩格斯伟大思想的指导下,中国共产党从诞生之日起,就高度重视保护工人的安全健康,并为之不断探索努力。

新中国成立后,中央政府旗帜鲜明地提出了安全生产的方针和要求,强调"生产必须安全,安全为了生产",并建立了安全生产一整套制度体系。第一届中国人民政治协商会议通过的《共同纲领》中提出了"实行工矿检查制度,以改

---

① 习近平:《习近平著作选读(第二卷)》,人民出版社 2023 年版,第 330 页。

进工矿的安全和卫生设备"的思想。1949年11月召开的第一次全国煤矿工作会议提出"煤矿生产，安全第一"的方针。改革开放以后，安全生产工作进入了全面整顿恢复和发展提高的崭新阶段。自1978年起，我国连续出台《矿山安全条例》(1982)、《中华人民共和国矿山安全法》(1992)、《中华人民共和国安全生产法》(2002)等安全生产相关的规章制度，其中《安全生产法》于2009年第一次修正、2014年第二次修正、2021年第三次修正；管理体制方面，矿山安全监察局(1981)、劳动部(1988)、安全生产管理局(1993)、煤矿安全监察局(1999)、国家安全生产监督管理总局(2005)、国家应急管理部(2018)等相继成立，安全管理工作的组织管理体系不断完善。

2003年以来，党中央、国务院明确提出"以人为本、安全发展"理念，胡锦涛同志提出要把"安全发展"作为一个重要理念纳入我国社会主义现代化建设的总体战略。党的十八大以来，以习近平同志为核心的党中央高度重视安全管理工作，习近平总书记反复强调发展决不能以牺牲安全为代价的红线意识。党的二十大报告再次强调，要"安全第一、预防为主，建立大安全大应急框架，完善公共安全体系，推动公共安全治理模式向事前预防转型。推进安全生产风险专项整治，加强重点行业、重点领域安全监管"。以此为指导，各级党委政府把安全管理纳入经济社会发展大局中统筹考虑，大力加强安全管理法治建设、机制建设和责任体系建设，取得了显著成效，不断提高了安全管理的整体水平。历史证明，安全是发展的前提，要发展首先要求安全。安全基础打不牢、守不住，再宏伟的目标都是空中楼阁，再良好的态势都会得而复失。在未来发展中，安全管理工作要深入贯彻党中央"四个全面"的战略部署，积极顺应社会主义现代化建设的大局大势，顺势而为、乘势而上，掌握历史主动，在不断突破各种不适应新的发展要求的桎梏中，通过安全管理工作的积极进取推动社会主义事业高质量发展。

（二）唱安全发展时代之音

随着我国现代化建设的全面展开和高质量推进，科技进步使得安全与发展之间的距离越来越近，安全就是发展、安全就是效益的理念成为现代企业的基本认同，以安全促发展成为强烈的时代之音。

1. 当代社会，安全就是发展

一方面，安全是企业和社会发展的先决条件。安全的环境可以为企业发展提供生产支持，促进经济增长，有助于提高效率和生产力，从而促进整体进步。另一方面，科学技术是第一生产力，企业为实现安全管理目标而不断进行科学研究和技术革新，推动自动化、信息化、智能化发展，客观上加速了产业和技术转型,提高了生产效率,给安全与生产这一原本的矛盾双方画上了加号和等号。徐矿集团的安全管理实践充分证明:越安全,就越发展,其积极探索将人工智能、5G、工业物联网、云计算、大数据、机器人、智能装备等与现代煤炭开发利用深度融合,在完成智能化示范煤矿建设目标的同时,也推动了综合管控一体化发展,实现了"安全"与"发展"的双赢。

2. 当代社会,安全就是效益

首先,随着社会进步,"以人为本"的发展理念深入人心,"生命无价"的认知成为共识,政府和社会大众越来越对由生产事故引发的生命损失"零容忍"。任何企业,如果忽视安全管理,降低安全投入,"因陋就简",只要出事故,往往"一失万无"。因此,通过建立完善安全管理体系,提高企业的生产安全水平,对于保障职工生命财产和企业硬件设施的安全运行,保障企业良性运营具有重要意义。其次,安全生产与绿色发展、低碳循环发展具有内在的逻辑一致性。企业的安全管理意识越强,科技创新的内生动力就越高,其生产和发展的绿色低碳循环水平必然得到提升。因此,安全管理的投入不是成本,而是竞争力和效益,安全管理水平高,企业才能实现更高质量、更大规模发展。

3. 当代社会,安全就是目标

人本管理是现代企业管理的基础理论,人本管理是以人为本的管理制度和方式,是把职工作为企业最重要的资源,以企业、职工及利益相关者的需求最大满足与调和为切入点,强调充分挖掘人的潜能,调动人的积极性,创造出和谐、宽容、公平的文化氛围,使大多数人内心感受到激励,从而达到企业和个人共同发展的最终目标。坚持以人民为中心的发展思想,表现在能源资源型企业管理领域,其重点之一就是要建立完善的安全管理体系,为职工创设一个良好安全的生产环境,使职工有安全感,只有安全有了保障,企业职工才会不遗余力、全身心地投入到工作之中,带来生产效率的提升。在此意义上,保护生产力的根本就是要做好安全管理工作。

(三)启安全发展未来之路

在新时代和新发展阶段中,把发展这个"第一要务"与安全这个"头等大事"统筹起来,推动并实现发展和安全的互促相融、协调并进,既是智慧的辩证法,也是时代发展的深刻要求。

1. 面向高质量发展新目标,巩固安全发展融合思维

发展和安全是一体两面,新时代的高质量发展是坚持新发展理念的发展,必须以安全为前提。"十四五"时期经济社会发展的总目标是推动高质量发展,具体可用"六新"概括,即经济发展取得新成效、改革开放迈出新步伐、社会文明

程度得到新提高、生态文明建设实现新进步、民生福祉达到新水平、国家治理效能得到新提升。每一个"新"都以安全为前提,只有安全才能抵御高质量发展的脆弱性,切实保障高质量发展。习近平总书记指出:"推动创新发展、协调发展、绿色发展、开放发展、共享发展,前提都是国家安全、社会稳定。没有安全和稳定,一切都无从谈起。"①近年来我国生产安全事故持续减少,但是重特大事故仍时有发生,已有的问题尚未根本解决,新的问题又不断出现,各种可以预见和难以预见的风险因素明显增多,整体状况同新时代高质量发展的要求存在明显的差距。安全发展不仅是切实提升发展质量效能的客观需要,而且是有力保障社会稳定的内在要求,是坚决防范各种风险特别是系统性风险的必然选择。因此,必须坚持统筹发展和安全,进一步深刻认识到安全发展的重要性和紧迫性。

2. 站在高质量发展新阶段,把握安全发展融合机遇

当前,我国正处于全面建设社会主义现代化国家、向第二个百年奋斗目标进军的新征程,国内外环境的深刻变化给徐矿集团这样的能源资源型企业既带来新机遇,也带来新挑战。一方面,世界能源结构已经发生了全新的变化,新能源占比不断提高,对传统能源的需求一定程度上降低,传统能源市场的萎缩不可避免;另一方面,受建设成本及发展成本的制约,大面积推广使用新能源还存在局限性,这就给徐矿集团建立以绿色、低碳为主的煤炭循环经济体系,推动企业向绿色、高效、低碳、节约、环保方向转变提供了时间和空间。同时,国家支持煤企转型发展,着力培育煤炭工业新增长点,提供了优惠方针政策,也成了新机遇。对于徐矿集团而言,这一阶段的特征可以概括为"危机并存、危中有机、危可转机"。在转型过程中,徐矿集团产业分布更加广泛,涉及地域跨度更大,自然环境更加复杂,用工更加多样,面临的风险和安全隐患的种类更多,企业的系统性风险不断增强。因此,徐矿集团要立足把握新发展阶段的辩证特征,以安全发展的思维看待新发展阶段的新机遇新挑战,准确识变、科学应变、主动求变,勇于开顶风船、善于转危为机,努力实现更高质量、更有效率、更加公平、更可持续、更为安全的发展。

3. 立足高质量发展新格局,创新安全发展融合路径

新发展格局回答的是"我们怎么样实现新阶段新目标"的路径问题,构建新发展格局,是关系我国现代化建设全局的战略任务,也是关乎统筹发展和安全的重大战略要求。徐矿集团要立足实现更高质量、更有效率、更加公平、更可持续、更为安全的发展要求,坚持把安全发展贯穿企业发展各领域和全过程,创新

---

① 中共中央党史和文献研究院:《习近平关于防范风险挑战、应对突发事件论述摘编》,中央文献出版社2020年版,第209页。

安全发展融合路径。一要创新科技引领安全的发展路径。以科技引领安全生产,采用先进、实用、可靠的新工艺和新技术,提高安全生产装备水平,在动态的安全生产过程当中,使用科学方法和手段,加强各个环节信息技术、风险评价技术、本质安全技术等应用,切实用高新技术保障生产安全。二要通过信息化数字化智能化加快推动安全与发展的融合。综合运用工业互联网、人工智能、云计算、大数据等现代信息技术,建立完善安全信息平台,实时监管生产过程和风险隐患,使安全生产成为一个个看得见的数据,依托人工智能深度学习,辅助安全与应急管理决策,夯实安全底座,以安全发展的新水平新成效塑造徐矿集团的新优势新辉煌。

【典型案例】

践行人本思想　以安全促发展

郭家河煤业公司成立于 2007 年 12 月,是徐矿集团、陕西省煤田地质集团、宝鸡市工业发展集团合资组建的大型国有企业,其矿井属于高瓦斯矿井,弱冲击倾向性,水文地质类型为极复杂型,煤层容易自燃,煤尘具有爆炸危险性。

近年来,郭家河煤业公司认真学习贯彻习近平总书记关于安全生产重要论述精神,积极践行"以人为本、生命至上"的安全理念,大力推进"意识+责任+标准化"安全管理体系建设,矿井安全状况和作业环境不断改善提升,连续三年实现安全生产,被评为全国煤炭工业特级安全高效矿井、陕西省安全生产先进单位,树立了良好的企业形象。

郭家河煤业公司以人本思想为引领,注重消除人的不安全性。一是抓理念引领,筑牢思想防线。始终坚持党对安全工作的统一领导,对涉及安全生产的重大事项党委会专题研究。建立党委理论学习中心组"第一议题"制度,常态化组织全员学习习近平总书记关于安全生产重要论述精神。二是抓素质提升,规范作业行为。大力开展培训教育,实操与理论双管齐下,形成了"自主+走出去+请进来"的多元化培训模式,职工技能水平和综合素质全面提升。定期举行郭家河"大讲堂",大力开展党员身边无隐患、无"三违"、无事故和安全示范岗等活动,引导职工上标准岗、干标准活。三是抓岗位履职,压实各级责任。推行"网格化"管理,详细制定分片包保区域和分片包保责任清单组织框架,形成"四级"安全管理网络化体系。大力推进"五型"班组建设,持续强化班组和区队自主管理,建立逐级负责的责任体系。每天对各单位干部安全履职作风情况进行检查通报与监管,有力解决了个别干部职工中存在的思想松懈、管理松散、工作松弛的"三松"问题。

二、低消耗与可循环互促进

党的二十大报告指出,"要立足我国能源资源禀赋,坚持先立后破,有计划分步骤实施碳达峰行动""深入推进能源革命,加强煤炭清洁高效利用""加快规划建设新型能源体系"。江苏是经济大省、能源资源小省,服务全省能源资源安全,既是徐矿集团义不容辞的光荣使命,也是必须竭力完成的政治任务。近年来,徐矿集团大力实施绿色转型战略,推进煤炭清洁生产与高效利用,坚持"智能化生产、高效化转化、循环化利用"思路,采取先进技术高效开发利用资源,大力发展光伏、风电等新能源产业集群,致力构建以低消耗与可循环为基本特征的发展模式,加快推进绿色转型。

(一)以安全管理推动绿色发展,实现生态和谐

绿色发展是以效率、和谐、持续为目标的经济增长和社会发展方式,是习近平总书记提出的五大新发展理念之一。绿色发展内含的生态和谐、可持续理念是安全管理的基本目标,推动绿色发展的过程也是实现"少用人、少事故"生产安全的有效方式,二者之间具有紧密的联系。

绿色发展是高质量发展的内在要求。绿色发展是在传统发展基础上的一种模式创新,是对传统发展观的科学扬弃,是建立在生态环境容量和资源承载力的约束条件下,强调"自然规律先于经济规律",以遵循自然规律、按自然法则办事为首要原则,将环境资源作为社会经济发展的内在要素,把实现经济、社会和环境的可持续发展作为绿色发展的目标,把经济活动过程和结果的"绿色化""生态化"作为主要内容和途径的发展方式,其核心是构建"绿色经济、绿色新政、绿色社会"三位一体的发展体系。绿色发展是党中央基于现阶段基本国情、基于人民群众对良好生态环境的诉求、基于我国生态环境问题的隐患、基于生态安全与经济发展的需要,在理论创新与实践探索基础上提出的重大决策,是坚持人与自然的统一、经济发展与生态保护的统一以及过程与目标统一的科学发展。党的二十大报告指出,要"推动绿色发展,促进人与自然和谐共生"。这是大势所趋、民心所向、现代化建设所需,也是能源资源型企业高质量发展的应有之义。

近年来,徐矿集团深入实施绿色发展战略,坚持走生态优先、绿色发展、高碳产业低碳发展之路,推进煤炭清洁生产与高效利用,推进生态修复恢复生态平衡,重视环保治理减少环境伤害,积极发展光伏、风电等新能源产业集群,构建了"科技含量高、经济效益好、资源消耗低、环境污染少"的绿色产业结构和生产方式,推动煤基产业链提档升级,基本实现了煤电化主体产业绿色协调可持

续发展。对于徐矿集团而言,推动企业产业转型,走绿色发展之路,是实现高质量发展,扛稳扛牢服务江苏能源资源安全使命的必然选择。

（二）以安全管理推动低碳发展,实现资源节约

绿色发展与低碳发展是内在的统一体,绿色化、低碳化体现在资源环境的消耗强度不断下降,资源环境的利用效率或者投入产出比有较大提升。徐矿集团在推行全过程全环节安全管理的基础上,在产业发展中聚焦绿色低碳,通过技术更新和数字化覆盖,将安全生产与绿色低碳生产融为一体,使得企业生产在安全的基础上更加节能降碳,以绿色发展为推手更加安全。

低碳是实现高质量发展的应有之义。低碳发展是实现碳达峰碳中和的主要途径,也是高质量发展和新旧动能转换的内在要求。习近平总书记强调,要"坚持降碳、减污、扩绿、增长协同推进"[1],"加快形成节约资源和保护环境的产业结构、生产方式、生活方式、空间格局"[2]。以大量低效的资源消耗为基础的传统发展模式已远远不能适应当前发展的要求,只有低碳发展,才是高质量发展。

徐矿集团深入贯彻新发展理念,积极落实国家"双碳"战略,把绿色低碳视为企业经济发展的重要任务,在产业结构、生产方式、技术革命上不断解放思想、探索突破,以低碳发展为目标,完善制度体系,变革发展思路,全面应用新能源,以新技术为依托,实现资源高效利用,加速环保改造,实现低碳排放,走上了一条符合企业实际、具有徐矿特色的绿色低碳转型之路,形成了安全管理推动低碳发展的徐矿样本。

【典型案例】

碳中和技术在张双楼煤矿的研究与应用

"碳达峰、碳中和"是一场极其广泛深刻的绿色工业革命。面向国家双碳目标的重大战略,为更好服务绿色矿山建设,张双楼煤矿建设了江苏省煤炭碳中和工程研究中心,大力开展碳中和技术研究,深度服务社会经济发展转型,致力实现碳减排和优化能源结构。该中心围绕国家及江苏省战略需求,服务于社会,为江苏省和各级地方政府提供相应的能源咨询服务,为企业提供绿色转型解决方案,在关键核心技术攻关、产业共性技术开发、人才培养等方面发挥着显著优势。

近年来,张双楼煤矿以江苏省煤炭碳中和工程研究中心为平台,充分结合

---

[1]　习近平:《习近平谈治国理政:第四卷》,外文出版社 2022 年版,第 373 页。
[2]　习近平:《习近平谈治国理政:第四卷》,外文出版社 2022 年版,第 373 页。

煤炭开发利用的全生命周期，开展碳中和技术研究，强化煤炭开采源头治理，提高煤矿节能水平，优化煤矿用能方式，强化矿区生态修复和绿化，提高煤炭转化效率，推进煤炭原料化利用。重点研究了煤高效清洁燃烧、煤炭开采碳排放控制技术、实用的碳捕集技术等实现双碳目标的关键技术，大力实施了智能化减碳开采、新能源开发负碳技术、煤炭清洁利用低碳工程、采煤塌陷区生态碳汇工程等系列碳中和技术，为煤炭产业低碳发展提供了重要的参考样本，为我国早日实现碳达峰、碳中和的目标发挥了积极作用。

（三）以安全管理推动循环发展，实现效率提升

安全管理与循环发展理念一致，规律契合，是实现动态循环的过程。徐矿集团以资源高效多样反复利用的循环发展，推动低碳目标的实现和企业的绿色转型，一以贯之地对新技术、新环节、新产业形态提出安全要求，进行安全监督，使二者并行不悖，互相促进，以安全管理体系的健全和安全治理能力的提升为绿色低碳循环发展保驾护航。

循环发展是高质量发展的必要路径。循环经济以资源的高效利用和循环利用为核心，以"减量化、再利用、资源化"为原则，以"低消耗、低排放、高效率"为基本特征。发展循环经济，就是要推动经济社会发展与资源消耗脱钩，加强对废弃资源的再生利用，最大限度减少人类活动对原生资源的消耗，以更少的资源取得更大的发展。循环经济一头连着资源、一头连着环境，要求从源头减少污染物的产生，追求经济效益、社会效益、环境效益的协调统一，各国普遍把发展循环经济作为破解资源环境约束、应对气候变化、培育经济新增长点的基本路径，加速循环经济发展布局。因此，循环经济不仅是生态文明建设的重要内容，更是中国经济高质量发展的重要抓手。

徐矿集团结合企业发展实际，将存量资源上升为战略资源，旗帜鲜明提出了"满眼都是资源"的经营理念，加快推动存量资源盘活，书写了关停矿井存量资产规范管理、统筹开发、高效盘活的新篇章，实现了老旧矿区蝶变重生。其"资源枯竭型矿区转型发展创新技术与模式示范"项目以徐矿集团转型发展为研究背景，重点解决了深部开采、绿色关闭、资源盘活、产业接续、人员安置等难题，获得了第七届中国工业大奖，在江苏省省属企业中尚属首家。其老旧矿区改造项目获评了国家发改委盘活存量资产扩大有效投资典型案例。徐矿集团还不断加大科技攻关力度，变废为宝、化害为利，实现了循环利用，链式发展。

三、高质量与高效益双提升

高效发展是以高效益为首要目标，质量与效益双提升的发展。2017 年 12

月 18 日,习近平总书记在中央经济工作会议上指出,"推动高质量发展是我们当前和今后一个时期确定发展思路、制定经济政策、实施宏观调控的根本要求"①。国家如此,企业发展亦是如此。高效发展是要改变原来简单追求数量和增速的发展,转向以质量和效益为第一目标的发展模式,实现生产要素投入少、资源配置效率高、资源环境成本低、经济社会效益好。徐矿集团追求安全发展、绿色发展、创新发展,最终是为了实现高效发展。以安全管理体系创新完善推动企业高效发展,是徐矿集团实现产业升级迭代和转型的必由之路。

(一)强化安全担当,夯实高效发展根本基础

当前,能源资源型企业面对错综复杂的能源形势、经济结构转型升级的环境压力、求发展担大任的发展任务以及全体职工的安全需要,必须要谋求更安全的发展。安全管理是高效发展的保障,企业必须以完善科学的安全管理体系实现高水平安全,做到企业发展到哪里,安全就跟到哪里,促使发展和安全相互促进、相得益彰,实现持久安全和持久发展。

徐矿集团始终牢记安全是发展的基石,时刻拧紧安全链条护航高效发展。不断研究创新制度改革,持续深化"意识+责任+标准化"安全管理体系建设,严抓细管守底线,精益求精促安全。"'意识+责任+标准化'安全管理体系"获评第 28 届江苏省企业管理现代化创新成果奖、江苏省属企业安全专项整治典型案例一等奖等奖项。在科学管理体系指引下,徐矿集团统筹推进安全生产专项整治三年行动、安全生产百日攻坚等"五大行动",定期开展安全生产责任制自查自纠、安全风险隐患全面排查整治、矿井机电运输专项整治等安全管理活动,生产现场安全管理水平显著提升,在江苏省内连续八年实现安全生产。安全稳定的生产经营环境使得徐矿集团产业、技术等方面高效发展"心无旁骛、水到渠成"。

同时,徐矿集团也意识到,发展是安全的基础,也是解决安全问题的关键。高效发展不仅有助于推动企业效益和利润的提升,也能为企业实现高水平安全提供有力支撑。一方面,高效发展可以为高水平安全提供物质保障,为安全管理体系建设及实施提供充足的物质和资金支持;另一方面,高效发展可以为高水平安全提供技术支撑。高效发展必然是依托科技创新的高质量发展,能够切实提升企业的科技水平和创新能力,为高水平安全的实现提供有力技术支撑。

(二)推动科研发力,打造高效发展关键引擎

徐矿集团深知科技创新是引领高质量发展的第一动力,因此花大力气激活

---

① 习近平:《习近平著作选读(第二卷)》,人民出版社 2023 年版,第 68 页。

创新赋能动力源，提升科研平台承载力，搭建了企企、政企、银企、校企、研企五大合作平台，不断加大科研投入力度，强化原创技术供给，借助外部科研力量开展核心技术攻关，突破一批"卡脖子"关键核心技术，加强了氢能、新型储能、煤炭地下气化等新技术、新业态的研究开发利用，培育发展新动能。全集团先后建成国家和省部级创新平台 13 个，获得省部级科学技术奖 57 项，授权专利 517 项，1 项技术成果荣获中国煤炭工业协会科学技术特等奖，6 项技术获评"中国好技术"，华东机械公司自主研制的 0.6 米极薄煤层液压支架填补了国内技术空白。科研的创新，技术的发展，成为高效发展的引擎，打造了徐矿集团矗立于能源资源型企业前列的底气。

徐矿集团通过科技进步推动产业升级，拓宽了高效发展赛道领域。徐矿集团优化升级能源产业，着力构建以煤基产业为核心、以开发战略性矿产资源和发展新能源为增长极的"一核两极"新发展格局，形成了以能源大基地为支撑、传统能源与新能源相融合、产业链与供应链相畅通的产业发展新格局。集团立足于培育壮大新兴产业，加大在新能源、新材料等领域投资力度，大力开发光伏等新能源，积极探索研究新型储能技术，着力打造新材料产业园、高端装备制造产业园、数字产业园、现代冷链物流产业园，争创老工业基地绿色转型行业标杆。统筹发展数字产业，探索推进数字化商业模式创新，加快搭建业务财务一体化平台、调度一体化平台、流程化协同管控平台和信息运维保障平台。徐矿集团全力打造生产运营安全智能、经营管理高效敏捷、生产设备迭代更新、业务运行全面在线、数据要素价值凸显、算力布局集约先进的"数智徐矿"，成为煤矿"智转数改"行业样板。

（三）增强风险意识，营造高效发展安全环境

当前，随着技术的精密化、运行的协同化、产业的联动化，现代企业风险越来越体现为系统性风险，往往牵一发而动全身。黑天鹅事件和灰犀牛事件时有发生，企业所处的环境更加严峻复杂。风险防控是抑制和化解潜在危险的积聚集合、加重升级，使潜在风险不成为现实风险，确保不会引发现实危害或带来现实恶果的过程。企业要在快速且高效率的发展转变中实现安全目标，既要科学地认识风险，又要有以不变应万变的风险防范意识，积极采取各种手段来控制风险、降低风险带来的危害。必须始终坚持提升风险防控能力的意识不松懈，用动态发展的眼光审视企业运营过程中的新盲点、新问题，严密防范化解重大风险，守牢不发生系统性风险的底线。

徐矿集团的高效发展进程中，自觉用新发展理念引领安全发展，不断建立完善风险防线，积极面对内外部环境中存在的各种市场风险、技术风险、生产风

险等,坚持预防为主、源头防范,按照"所有事"全领域覆盖、"一件事"全链条管控、"落实事"全过程监管,建立健全风险研判机制、决策风险评估机制、风险防控协同机制、风险防控责任机制,通过对风险的识别、评估、监测、防范、应对和控制,健全风险的管理体系,使预防能力、监管能力跑得过风险积累的速度,以治本之举、长远之策护佑高效发展。

（四）坚持以人为本,实现高效发展和谐共赢

中共中央组织部印发的《关于改进推动高质量发展的政绩考核的通知》强调,要把人民群众的获得感、幸福感、安全感作为评判领导干部推动高质量发展政绩的重要标准。这是对"为人民服务是党的根本宗旨,以人为本、执政为民是检验党一切执政活动的最高标准"①的进一步解读。徐矿集团在高效发展的进程中,从两个方面切实发挥人力资源的潜力,厚培企业高效发展的基础。

一是始终强调坚持"以人为本"的发展理念,从进一步健全风险防控和安全管理体系方面保障企业和职工的生命财产安全,从进一步完善企业福利体系和激励体系方面公平分配财富和发展成果,从进一步营造企业家文化方面提升职工的归属感、安全感和幸福感,实现共建共享的高效发展。

二是充分发挥人力资源的潜力。人才是一个企业或组织的核心竞争力。徐矿集团创新实施"人人是人才、人人能成才、人人展其才"的"三才"工作法和"139"人才工程,推动人力资源管理的信息化、数字化、智能化,充分调动组织变革的积极性,以人力资源的充分挖掘为契机,进一步优化整合绩效考核体系,提供良好的发展机会和合理的激励机制,全面调动干部职工工作积极性和主动性,支撑企业的科研创新和技术突破,以实现高效发展目标。

第三节 数 智 融 合

随着信息技术的发展和普及,信息化、大数据、智能化与生产生活的融合程度越来越深,以科技支撑的数字化与智能化成为能源资源类企业安全管理能力提升的必然路径。国务院、国资委、工信部都强调要构建安全生产治理新格局,推进"互联网＋安全生产",强调大数据、人工智能等高新技术在安全管理中的综合应用。徐矿集团"意识＋责任＋标准化"三位一体安全管理体系以数智融合技术提升安全管理水平,明晰了安全领域"数智融合"发展方向。

---

① 胡锦涛:《胡锦涛文选:第三卷》,人民出版社 2016 年版,第 654 页。

一、安全与数字融合

（一）从"被动"到"主动",以数字化赋能安全管理全过程

数字化,是将信息转换为数字(即计算机可读)格式的过程。在安全管理领域,数字化是按照网络融合安全、信息互联互通、数据共享交换、功能协同联动的原则,通过安全生产信息共享平台等关键技术研究与应用,结合企业管理和生产的实际情况,融合大数据、物联网、云计算、GIS"一张图"、虚拟现实等技术,建成基于一张图理念、一体化管控、分布式协同的安全生产管理平台,利用大数据分析评估安全生产、运营管理状况,通过数据填报采集标准化、业务流程标准化,实现横、纵向流通。通过大数据支撑信息化建设,可以形成统一的数据集成平台,进行动态调度和制订计划,实现生产的综合指挥和决策支持,处理安全管理的相关数据。

近年来,徐矿集团以科技创新为支撑,大力推进"科技＋资本"双驱动,加强科技创新、产融结合,实现双轮驱动、跨越发展;以数字经济为抓手,大力实施"一云、一商、一中心、四平台"数字化转型战略,充分激活数据要素潜能,大力推进煤矿"智改数转",以数字化描绘现代矿山新图景。徐矿集团数字化赋能企业安全管理全过程,改变了原有的被动式"找问题"的管理模式,实现了企业生产经营环节的自动化数据采集、主动式数据分析、可视化监管反馈、动态性监测预警,实现了安全管理从"被动防御"向"主动发现"的转变。

（二）徐矿集团安全管理的数字化建设

徐矿集团数字建设经过了从无到有、由弱到强的发展历程,在安全管理中发挥了积极作用。近年来,徐矿集团主动适应低碳化、智能化、数字化发展要求,加快建设网络强企、数字徐矿、智能矿山,以大数据支撑信息化建设,以数字化转型再提速为高质量发展插上智能"翅膀",着力打造全国行业数字化转型"新名片"。2023年5月,在国务院国资委主办的"首届国企数字场景创新专业赛"中,徐矿集团的"煤矿智能化建设全场景研究及应用"项目,从全国各央企、地方国资委推选的2007家国有企业、3277个参赛场景中脱颖而出,荣获生产运营类全国一等奖;徐矿集团供应链大数据中心成功上线启用,荣获2021—2022年度煤炭行业两化深度融合优秀项目;徐矿集团"库车俄霍布拉克煤矿5G智慧矿山"项目入选工业和信息化部2023年5G工厂名录。

二、安全与智能融合

（一）由"人治"到"智治",以智能化助力安全管理全领域

大数据改变了安全管理的"人治"模式,从经验模式向理性分析模式转变。

人工智能的有效应用能够切实提升安全管理的科学性,为构建智能化生产管控模式奠定了基础。当前,安全生产的管理诉求已经不再局限于数据安全管理,构建安全管理感知维度分析模型,利用深度学习强调管理决策精细化发展,实现智能管控与智能化管理转型成为重点。以人工智能托底安全管理,可以消除安全生产管理领域的人为干扰,切实提升安全管理质效。徐矿集团围绕矿井"安全、智能、绿色、高效"的发展理念,以适应经济发展、社会发展、企业发展的迫切需要,逐步解决矿区发展过程中面临的安全问题,以技术支撑和装备升级不断提高企业的安全管理能力。

智能化是企业转型和安全管理发展的新阶段,是以数字化、信息化为前提、基础和支撑,对企业生产经营、职业健康与安全、技术支持与后勤保障等进行主动感知、自动分析、快速处理的智能模式。能源资源型企业的智能化建设至少包括生产智能化、安全管理智能化、后勤保障智能化等板块。其中,智能化安全管理将安全管控的目标从"减少事故,减少死亡",提高到"洁净生产,关爱健康"的高度,是包括智能职业健康安全环境系统、智能防灭火系统、智能爆破监控系统、智能洁净生产监控系统、智能冲击地压监控系统、智能人员监控系统、智能通风系统、智能水害监控系统、智能视频监控系统、智能应急救援系统、智能污水处理系统等在内的一整套管理体系。

(二)徐矿集团安全管理的智能化建设

煤矿智能化是煤炭工业发展方向,是矿井高质量发展的核心技术支撑。徐矿集团坚持"统一规划、融合创新、协同推进,先进成熟"的原则,以推动智能化技术与煤炭开发利用深度融合为主线,以安全、高效、稳定的工业互联网建设为基础,运用物联网、大数据、云计算、移动互联等技术手段,通过数据挖掘、知识发现、专家系统等横向集成和纵向互通人工智能技术,建设"监、测、管、控一体化"的智能化矿山,开启了江苏煤矿智能开采新时代。

徐矿集团在数字矿山建设的基础上,充分发挥先进的装备资源和雄厚的技术储备优势,积极开展自动化装备的研究与实践,推进本部地面车间及井下硐室的无人值守系统和集中管控,推进装备群智能协同控制技术、红外感知和高清视频图像自动捕捉技术、带式输送机的直驱技术、智能煤流技术、转弯输送技术、设备监测和自动控制技术、工况状态监测和故障诊断系统,运用人工智能技术、数据挖掘技术,将煤炭行业内各专业的专家思想及专业解决方案编制成若干可重复运行、决策指挥的决策分析系统,为安全生产经营提供决策依据;运用云计算、物联网等技术实现矿山的"物联化、互联化、智能化",向全面实现自动化控制,倾力打造世界先进、国内一流的矿山企业迈出坚实的步伐。张双楼煤矿、天山矿业公司建成全国首批智能化示范煤矿,张双楼煤矿"基于多尺度演化原理的矿井火灾在线监控与智能分级预警技术研究"以及天山矿业公司"矿井涌水清污分流系统的研究与应用"2个项目获评全国煤炭行业标杆案例,张双楼煤矿"深井开采多元灾害智能化防治平台"和天山矿业公司"煤矿工作面智能监控系统"2个项目入选国家能源局煤矿智能化建设典型案例。

【典型案例】

华东机械公司智能制造研究中心

徐矿集团下属华东机械公司智能制造研究中心深入学习贯彻习近平总书记关于安全生产重要论述指示精神,从科技角度发力,努力实现安全生产。

一是鼓励"五小"创新。组织各单位进行"五小"创新项目23项,通过小发明、小革新、小改造、小设计、小建议等形式,对日常生产活动进行查漏补缺,确保各生产环节安全无死角,生产有保障。

二是强化科研项目攻关。结合公司生产实际,选择生产过程中复杂危险的环节,推动公司研发项目立项,合力攻坚克难,着力改造危险环节,避开危险操作,去除危险因素,确保公司安全生产。

三是加强产学研合作。以智能化技术装备研制与推广应用相结合为切入点,激发产学研联动创新能力,以科技力量推动公司生产优化升级,以科技保安全,向科技要安全。

四是实施装备智能升级。加快智能车间、智能工厂打造步伐,提升生产智能化程度,减少人员和管理的不安全因素,确保公司生产安全。

三、安全与科技融合

(一) 由"技术"到"科研",以科技性引领安全管理新征程

在我国煤炭工业兴起的很长一段时期内,煤矿企业生产效率的提升很大程度上依靠有主人公精神的工人群体的勤学苦练和技能钻研,往往需要很长的时间和经验以积累量变。由于缺乏先进的研究设备平台、数据方法,新技术的产生较为缓慢,生产力的跨阶跃升面临重大困难。习近平总书记指出:"加快实现高水平科技自立自强,是推动高质量发展的必由之路"[①]。安全生产水平的每一步提高,实际上都伴随着科技的进步。这就要求,在中国式现代化建设的新征

---

① 习近平:《习近平新时代中国特色社会主义思想专题摘编》,党建读物出版社2023年版,第141页。

程上,企业必须着力于引导企业安全科技创新从量的积累向质的飞跃、从点的突破向系统能力提升,从企业的急迫需要和长远需求出发,凝练科技问题,布局战略力量,配置创新资源。以重大科技任务和重大项目建设为依托,强化项目、人才、平台、资金等创新要素的一体化配置,建立强有力的科技创新统筹协调机制。要充分发挥骨干企业在科技创新中的主体作用,引领要素集聚和资源优化,以人才培养为中心,持续深化人才管理体制机制改革,高水平培育科技领军人才队伍,围绕科技攻关任务和解决"卡脖子"关键核心技术难题需要,努力培养一批科技领军人才、大国工匠,以人才"强引擎"推动自主创新"加速跑"。

(二)徐矿集团以科技创新驱动安全管理的实践成果

徐矿集团深入贯彻党中央、国务院和江苏省委省政府关于实施创新驱动发展战略系列部署,全面落实习近平总书记关于科技创新工作重要指示、江苏省政府《关于加快推进产业科技创新中心和创新型省份建设的若干政策措施》精神,坚持创新是第一动力、科技是第一生产力,大力实施创新驱动战略,大力推进科技创新体系和科技创新能力现代化,加快推动绿色转型和数字化智能化进程,为建设世界一流企业提供技术支撑。

徐矿集团聚焦高水平科技自立自强,把一系列行业亟待解决、限制企业发展的"卡脖子清单"变成科研任务清单,推动一大批行业首创、国际领先的重大科研项目、技术成果的相继落地。

通过组建机构、强化领导、搭建平台、完善制度、协同创新、激励扶持、引进人才等措施,充分利用国家能源深井安全开采重点实验室、省级企业院士工作站、省级技术中心平台与科研院所等科研创新平台开展科技攻关和技术创新,利用校企、企企、研企、协会等各种合作平台广泛开展技术交流,聚焦煤炭绿色高效安全开采、电力和煤化工节能环保安全生产、科技管理体制机制及创新平台建设等重点工作,以提升自主创新能力为中心,大力实施"科技保安""智能提升""技术升级""清洁低碳""产业培育"五大创新工程,重点在瓦斯治理、水患防治、软岩支护、冲击地压防治、超临界燃煤发电机组高效运行、电厂循环水余热利用、锅炉宽煤种燃料适应性、机组深度调峰、新能源发电技术、煤化工主装置系统长周期稳定运行、煤浆提质增效、甲醇分级精馏技术、后煤矿时代限制资产盘活等方面开展课题技术攻关。

鼓励支持重大科研项目通过技术市场,实行招标立项,积极推进科技创新和技术进步,取得明显成效,煤矿冲击地压防治、软岩支护、瓦斯治理、水害防治、热害治理等领域科技创新成果丰硕,多项核心技术处于国际、国内领先水平。2012—2022年,徐矿集团累计获得各级科技进步奖636项,获得国家授权专利480项,在孟加拉国的服务外包煤矿项目首次定义了"厚煤层多分层协调减损开采"的科学含义,连续16年实现安全高效开采,打响了中国煤炭企业国际品牌。"强富水含水层下特厚煤层安全高效开采关键技术项目"荣获2020年中国煤炭工业科学技术特等奖。张双楼煤矿在冲击地压治理方面探索出具有特色的"12567"冲击地压治理体系,冲击地压防治核心技术国内领先。"徐州矿区'绿色闭坑'技术研究"等6项技术被评为"中国好技术",长青能化公司、威拉里新材料公司、信智科技公司、新鹏科技公司等先后被评为"高新技术企业"。

【典型案例】

依托科技创新,巩固矿井安全发展成果

近年来,徐矿集团下属张双楼煤矿依托防冲研究中心等科研平台,加大科研创新投入,通过校企、研企、企企联合开展科技攻关,与中国矿业大学、煤炭科工集团、龙软科技等国内知名科研团队建立合作,就冲击地压、防治水、防灭火等灾害防治进行技术研究,累计投入科研费用5 800余万元,完善了矿井冲击地压监测预警系统,提高了浅部煤炭资源回收率,破解了制约矿井安全发展的瓶颈,确保了生产安全。

一是加强冲击地压灾害治理。建立了高频地音监测系统、双震源CT探测系统、区域地震波监测系统,联合开发了智能煤粉监测成套装置,构建形成了完善的区域一局部、动静结合的分级分区监测技术体系;研制智能限员装置,实现冲击危险区域人员精准控制;采煤工作面端头和超前支护范围安装液压支架,提高采动应力影响区域巷道承载能力。

二是加强矿井防灭火工作。在74104工作面回采期间,针对破碎煤柱内部塑性封堵以及表面塑性喷涂问题,研发了能够降低煤体表面氧化活性的高效阻燃剂,通过应用综合防灭火技术,实现74104工作面的安全回采。

三是加强地温热害治理。针对74104等深部存在高温工作面,研究分析工作面各类热源散热规律,在进风巷通过制冷机组输入冷量的同时,回风巷设置局部通风机实现采场上下端头均压通风,阻隔采空区热源侵入,确保冷量充分利用,热源有效抑制的效果。

四是开展深井支护技术研究。针对94102材料道掘进工作面过7、9煤合层区受上覆采空区、顶煤等因素影响,逐步探索出符合现场实际的支护方案。此外,在深部高应力巷道支护中采用高预应力全长注浆锚索、让压锚杆、高强度护表钢带、高强度护网、大直径锚杆托盘等具有强抗变形和护表能力的主动支护方式,提高了冲击地压巷道支护强度。

附　　录

案例一　天山矿业公司"意识＋责任＋标准化"安全管理体系促进矿井长治久安

一、基本情况

（一）公司发展历程

天山矿业公司成立于 2001 年,是徐矿集团积极响应党中央西部大开发和江苏省委产业援疆号召,最早在新疆库车投资组建的全资子公司。2002 年 7 月,公司设计年产 90 万吨的俄霍布拉克煤矿(简称俄矿)开工建设,2006 年 3 月投产,2015 年通过 400 万吨改扩建验收,2019 年通过 750 万吨产能核增,2021 年 11 月通过新疆维吾尔自治区 850 万吨产能核增现场核查,2022 年 6 月获得新疆维吾尔自治区发展和改革委员会 850 万吨/年产能核增批复。公司经营模式为自主生产,新疆苏能运销公司负责销售,煤炭主要供应于南疆各地州电厂、政府采购、化工厂、水泥厂及民生用炭,煤炭供应量达南疆四地州动力煤需求的 60% 以上,热力用煤达 80% 以上,成为南疆能源供应的重要支撑和保障,已累计为南疆四地州生产原煤近 8 000 万吨,先后荣获国家"特级安全高效矿井"、全国"首批智能化建设示范企业"、自治区"安全文化建设示范企业"等荣誉称号。公司设有 22 个党支部,共有 244 名党员;在岗职工 1 582 人,其中技师 28 人、高级工 75 人、中级工 46 人,高级职称 18 人、中级职称 73 人、初级职称 128 人。"五职"矿长配备齐全,设有安全监察部、生产技术部、规划发展部、水文地测科、培训中心等 17 个管理部室,采、掘、机、运、通等 17 个基层单位,安全管理机构健全。

（二）安全管理实践

作为徐矿集团的生产大矿、效益大矿,天山矿业公司深入学习贯彻习近平总书记关于安全生产重要论述,认真落实江苏省委、徐州市委和徐矿集团党委关于安全管理的决策部署,牢固树立"两个至上"理念,坚持把职工生命安全放在先于一切、高于一切、重于一切的位置,创新实施"意识＋责任＋标准化"安全管理体系,制定下发 10 个方面、96 项安全管理体系落实清单,扎实开展安全生产专项整治行动,推动标准化建设始终保持一级动态达标,打造本质安全型矿井,凝心聚力谱写"五最"矿井建设新篇章。

1. 坚守红线底线,践行"两个至上"

作为国家特级安全高效矿井、国家一级安全生产标准化矿井、国家安全文化建设示范企业,始终坚持把安全生产工作当作一项重要的政治任务来抓,总结提炼出"1234"安全理念、"331"安全管理机制、"234"安装拆除法等一系列符合时代精神、具有天山特色、得到行业认可的安全工作经验,为全面提升企业安全生产治理体系和治理能力现代化水平奠定了坚实基础。深入开展安全生产专项整治三年行动,不断强化安全生产主体责任落实,健全完善安全管理机制,创新实施干部驻区、"嵌入式"安全体检等管理机制,搭建"一地三室五团队"平台,连续多年实现安全生产。

2. 聚焦主业主责,产能实现"三大跨越"

紧紧抓住国家鼓励优质产能释放机遇,不断加大系统升级改造和智能化建设的投入力度。先后完成 900 毫米轨距改造、新建通风机房、1650 井底车场刷扩等重点工程。改造升级监测监控系统和通风系统;建成万兆环网入井、智能综合管控"一平台"、南工广筛分集中控制系统、新疆最大的生产调度指挥中心、新疆首个智能化综放工作面、新疆最长的 4 000 米平巷胶带运输系统、全国最大的 5 煤绞车提升机;率先引进皮带巡检机器人、掘锚护一体机等智能化设备,矿井基本实现了综合信息网络化、过程控制自动化、生产管理集约化。2022 年 6 月份,天山矿业公司俄霍布拉克煤矿产能核增至 850 万吨/年,获得新疆维吾尔自治区发改委批复,标志着该公司新增 100 万吨优质产能的释放许可,为南疆能源安全保供再添"稳定器""定盘星"。

3. 创新经营策略,效益迈上"四大台阶"

对于煤矿企业来说,产能和效益之间的平衡关系至关重要。近年来,公司利润一路上扬不停步,年年迈上新台阶。2022 年,煤炭产销量突破 800 万吨,利润突破 10 亿元。此外,在做大效益蛋糕的同时,严守国家稳定煤价规定,认真做好能源保供工作,宁亏经济账,不亏民生账。打破"两头紧、中间松"的传统营销模式,实施不同煤种搭配销售、淡旺季联动销售等综合措施,对稳定地方煤炭市场营销格局起到了积极促进作用。

4.初心历久弥坚,办好民生"三件大事"

始终坚持"以职工为中心"的发展思想,把职工对美好生活的向往作为奋斗目标,着力办好涨工资、提待遇、美环境"三件大事"。近年来,职工工资收入持续递增,处于集团公司前列,住房公积金、企业年金缴纳比例稳步提升;先后建成气膜储煤仓、生态养殖园,在天山南麓戈壁荒滩铺开一片生机勃勃的绿色风景;井口每天免费发放不重样的营养餐,让职工从胃里暖到心里;疲劳恢复室、健身房、3D影院、标准化公寓等一大批得人心、暖人心的民生工程相继落成;每日的通勤班车服务方便职工出行;产改步伐不断加快,产业工人政治地位、经济地位和社会地位不断提升,先后产生全煤行业"最美科技工作者"1名、省级劳模1名、市级劳模3名,在茫茫戈壁树起了徐矿集团产改示范的"天山"标杆。

5.红心向党满怀,树起天山"旗帜"

扎实开展"两学一做""不忘初心、牢记使命""党史学习教育"等主题教育,不断提高党员干部政治素养。特色化开展"三讲五心"教育,组织薪酬分配、物资供应、财务管理等效能监察或专项检查,及时整改集团公司党委巡察提出的问题,公司无重大违纪案件发生,"三讲五心"教育始终走在全集团前列。坚持以"满眼都是人才"的理念选人用人育人,"80后""90后"干部占比52.03%,年轻干部已成为新时代企业发展的中流砥柱。"党员争做产改学习带头人""天山雪松"等一批党建品牌相继涌现,成为党建工作融入高质量发展的生动缩影,先后获得了中煤协会"思想政治先进单位"、江苏省国资委"先进基层党组织"等荣誉,成为百年徐矿飘扬在天山上的一面旗帜。

二、主要做法

(一)根植安全理念,增强安全意识

1.培育安全核心文化

把学习习近平总书记关于安全生产重要指示精神和党中央国务院、江苏省委省政府关于安全生产的部署要求纳入党委理论学习中心组学习内容,进一步压紧压实责任,研究制定切实有效措施,确保安全形势稳定。组织开展专题安全大课,梳理各类事故案例,点评剖析典型事故,讲清安全生产最新要求、本单位安全生产重点和安全生产具体措施。在长期实践总结基础上,总结凝练出一套体现时代精神、具有徐矿特色、得到行业认可的"1234"安全文化,即坚守"一

个总基调"：宁可不出炭，必须保安全；坚定"两像理念"：像新疆抓维稳一样抓好矿井安全，像关心家人健康一样关心职工生命安全；坚持"三轮驱动"管理：干部安全履职、职工规范作业、现场安全监管；坚决执行"四个到位"：安全首位、生产让位、管理到位、失职丢位。

2. 营造安全生产氛围

落实安全宣传教育工作要求，编发事故案例学习材料，组织干部职工观看安全警示教育专题片，用好班前安全教育、职工安全活动、一线安全宣讲等载体，各基层单位实现安全宣讲全覆盖，做到警钟长鸣、举一反三，筑牢干部职工安全防线。构建"五个一"安全宣教体系，即井下主要巷道安全宣教"一条龙"，井口建成"安全文化长廊"；采掘头面安全宣教"一条线"，通过图牌板即可清楚了解现场各种参数及存在的安全隐患；区队安全宣教"一园地"，制作职工"全家福"和"安全嘱托"，用亲情的力量增强主动安全观；智能安全宣教"一平台"，率先引进"天山安全人"App，建成南疆首套 VR 虚拟培训系统，通过情景再现，让职工"重返现场""亲历事故"；创业发展"一展室"，将建矿以来的创业艰辛、成功经验进行开放展出，鞭策职工不忘初心、砥砺奋进。

3. 提高安全收入占比

树立"安全是企业最大的效益，安全是职工最大的幸福"理念。执行"4∶3∶3"结构工资，即安全绩效占 40％、生产任务占 30％、标准化占 30％。执行动态考核、逐月递增、季度兑现的全员安全目标奖考核机制，让职工在做好安全中得实惠。近年来，职工每年工资增幅 8％以上，发放安全普惠奖人均不低于3.5 万元，通过发挥安全经济杠杆作用，增强了职工做好安全工作的自觉性。

4. 筑牢矿井安全防线

织密安全"学习网"。通过"学＋练＋考"三结合模式，全面提高职工安全生产意识。利用"天山安全人"App，每日组织职工学习《煤矿安全生产法》、双"90禁"等法律知识，并通过不定期组织考试、举办安全知识竞赛等方式，检验职工学习效果，夯实矿井安全生产标准化管理基础。织密安全"宣传网"。借助横幅、电子屏幕和微信公众号等宣传载体，向职工宣传安全知识，利用三句半、快板等喜闻乐见的方式，营造浓厚的宣教氛围。积极开展安全亲情帮教活动，通过引导职工家属签写安全家书、拍摄安全寄语微视频等方式，切实筑牢安全生产"二道防线"。织密安全"监督网"。严格落实班组班前十分钟安全教育制度，每日通过班前会了解职工思想动态、情绪表现，并全面排查职工饮酒情况，严格把控下井人员"安全关"。切实发挥群监员"哨兵"作用，加强现场安全监管力度。

（二）明确安全职责，落实安全责任

1. 落实安全主体责任

修订完善《矿长安全承诺制》《全员安全生产责任制》，落实安全生产第一责任人责任，依法合规组织生产。将"安全生产专项整治三年行动"与"讲大局、讲责任、讲规矩教育"深度融合，设立"三讲光荣榜"和"三不讲曝光台"，2021年以来对安全生产专项整治工作落实不力的24名干部进行处理曝光。制定安全生产专项整治实施方案，对照井工煤矿"221"项自检表，常态化开展"331"安全自查自改活动，即每月开展3次隐患大排查，3次安全生产标准化检查，每季度开展1次大系统安全风险评估，动态更新隐患问题和制度措施"两个清单"，实行隐患问题销号闭环管理。

2. 落实安全监管责任

构建了干部驻班管理、班组安全建设、安监员末位淘汰、职工互保联保"四位一体"的安全监管模式，副总师以上领导、部室负责人到基层区队驻班包保，每月驻班2天，帮助解决安全生产难题；将班组长纳入一般干部管理，制定班组安全建设"20"条硬核举措，明确公司、区队、班组三级安全建设职责，着力打造一批行业领先的新型安全班组；打造了一支60余人24小时监管无死角的安全监察队伍，实行安监员"分片包保、定期更换、连带考核、末位淘汰"制度；落实现场互保联保责任制，出现严重"三违"或工伤事故的，对联保人员按违章者的30%进行考核，增强集体安全观。

3. 落实安全岗位责任

建立全员安全生产责任制和岗位操作流程卡，规范工作流程、严格操作标准。深入开展"3＋1"排查（即安全不放心的人、事、环境和职业禁忌症），每班班前会要对职工饮酒、情绪波动人员进行排查，安全不放心的人严禁入井；班前会重点排查安全注意事项和防范措施，做到先安全后生产、不安全不生产；开工前由班组长、安监员对现场作业环境的隐患问题进行排查整治；每月对职业禁忌症人员进行全覆盖排查，对患有心脑血管等疾病人员及时调整岗位。

4. 完善责任监督机制

充分发挥全员参与安全监督合力，构建"嵌入式"安全生产管理全覆盖"三级监督网"体系。其中，以纪委书记为组长，安全副总经理、生产副总经理为副组长，各职能部门负责人为成员，工作小组为一级监督体系，以基层各单位党支部书记为组长，行政主要负责人和党支部纪检委员为副组长，基层班子成员为成员的工作小组为二级监督体系，以基层单位班组长兼任现场组长，全体职工为成员的工作小组为三级监督体系,推动公司层面、职能部门和基层区队、班组长和全体职工三级监督服务安全,从"一家管"变齐抓共管,全面提升安全生产专项整治效能,破除监督与业务"两张皮",有效打通信息壁垒,实现责任全覆盖、监管无盲区。

（三）筑牢安全根基,严把安全标准

1. 职工工作标准化

通过"抓现场、强素质、严考核"三个环节,不断推动职工标准化工作提档升级。首先,抓现场实现动态达标,不断加强领导干部作风管理,对各级跟带班领导下井天数、班次、隐患排查数量等进行严格考核,确保事故隐患发现、整改落实在现场。由生产技术部、安全监察部定期组织安全质量标准化检查,并利用现场推进会查找、解决存在的问题,评优罚劣,确保动态工程质量达标。其次,强素质提高职工技能,利用脱产培训、班前学习、现场互学、岗位练兵等形式,提高职工的业务技能。执行新职工上岗必训、人员转岗必训、"三违"人员必训、技能晋升必训、全员年度必训"五必训"工作法,提高全员安全技能。从矿井历次安全事故中归纳总结出人员站位和安全管理双"90禁",将其作为职工现场操作的"行动指南"。落实矿井自主、区队自治、班组自理、职工自律的安全自主管理体系,自觉上标准岗、干标准活。坚持"四个一"、岗前模拟等制度,提高职工对危险源辨识、安全质量技能操作的能力。全面推行"手指口述"操作法、"安全知行卡",做到眼随心动、口随眼动、手随口动。最后,严考核确保规范操作,在建立各项创建标准的同时,采取"逆向追溯"问责制,从现场施工人员,到班组、区队,层层分析处理,追究落实责任,并在经济上给予一定处罚,并且狠抓动态工程质量,从打柱、挂网等基本环节入手,严格操作、考核,对不符合规程要求的坚决推倒重来。

2. 生产环境标准化

精心打造井下职工会议室、井下安全文化长廊等,推广使用大功率、高阻力、适应性强的重型生产装备,有效提升矿井装备水平。按照"巷道亮丽、管线平直、设备完好"的创建要求,先后对主井大巷、机电硐室、主要行人巷道进行粉刷,安装安全文化灯箱、图版等。对采煤、掘进、机电、运输、通风等专业,进行定期不定期的安全评估及质量标准化检查。同时,第一时间组织全员对《煤矿安全规程》进行学习,及时对安全隐患、风险数据进行预警处置,实现源头严控,过程严管;召开各专业标准化整改落实会和现场推进会,建成5108样板面、5煤绞车房和1460泵房样板硐室、主井猴车机道和1650大巷样板线、综采库房和大型环形车场样板场所,确保安全质量标准化建设取得实效。

3．系统装备标准化

将标准化安全管理体系作为安全工作主线，毫不松懈加强现场安全生产管控和安全责任履行，开展多次安全生产标准化检查，对5108工作面两道、1403中部车场、1410综采工作面等采掘头面进行全覆盖检查，制定五定表，从严从细落实整改，确保问题整改到位。坚持严于国家要求，高于行业标准的原则，持续推进"两优四化"建设，主巷道设计宽高不低于6米×4.9米；井上下轨距全部为900毫米，总长超过20 000米；新建井口房和通风机房，改造升级监测监控系统和通风系统；建成全疆最大最先进的生产调度指挥中心、全疆首个智能化综放工作面、全国最大的5煤绞车提升机；建成智能综合管控"一平台"，引进皮带巡检机器人、掘锚护一体机等智能化设备，基本实现了综合信息网络化、过程控制自动化、生产管理集约化。

三、取得成效

（一）安全意识明显增强

坚持党委理论学习中心组成员带头学习落实安全生产责任制，提高政治站位，明确责任范围，到包保区队参加安全学习活动。充分运用各类会议和载体，大力开展形势任务教育，营造"全员保安全"的浓厚氛围。深入学习集团公司"意识＋责任＋标准化"安全管理体系、新疆分公司安全管理双"90禁"、职工岗位行为规范、事故案例，做到应知应会定期抽考，及时通报基层学习动态，不断增强全员安全标准化意识和责任感。通过安全文化的长期宣贯根植，扭转了重生产轻安全的思想，职工逐步养成了出手就干标准活的良好习惯，如果现场隐患没有排除、安全没有把握，职工坚决不开工。2017年以来，该公司"三违"行为、机电事故率逐年下降，连续实现了5个年度安全生产，连续3年杜绝了轻伤以上人身事故。

（二）安全形象得到重塑

压实安全主体责任、监管责任、全员岗位责任，以"铁手腕、铁面孔、铁心肠"抓安全，强化安全管控考核标准，加大责任追究力度，对"三违"行为的责任单位主管进行提醒和诫勉谈话。严格遵守"安全优先、有疑必停"，全程跟踪负责，做到隐患见底、措施到底、整改彻底，确保实现全员、全方位、全过程安全。明确规定凡安全生产标准化达不到一级或不能保持动态达标的，不得生产；安全生产标准化降级或严重滑坡的，对责任单位主管予以约谈问责并追究处罚，做到现场上管理"零容忍"。2018年，该公司通过国家一级安全生产标准化矿井验收，2021年通过国家第二轮标准化检查，先后荣获国家"特级安全高效矿井"、国家

"首批智能化建设示范矿井"、国家和自治区"安全文化建设示范企业"等荣誉称号,成为江苏产业援疆的行业典范、徐矿在疆发展的形象窗口、新疆对外迎检的指定单位。

(三)安全效益大幅提升

不断健全和完善安全生产管理责任制,严格各项工程措施的编制、审核、审批,坚决杜绝无措施施工现象,细化安全宣教内涵,形成了可操作性强、针对性强常态化宣教体系。强化"331"安全管理机制,每月开展 3 次安全隐患排查和 3 次安全生产标准化检查,每季度开展 1 次大系统安全风险评估,切实做好"1＋4"安全风险辨识评估,做到管理制度与岗位责任制、安全生产专项整治三年行动、"学法规、抓落实、强管理"活动有机结合,环环紧扣,零缺陷、无空档。同时,按照"党政同责、一岗双责、齐抓共管、失职追责"的要求,层层签订安全目标责任书,全面落实全员、全过程安全生产责任制,形成"专业保安、自主管理、岗位落实、督查规范"的管控机制。近年来,安全生产形势持续稳定、智能化水平始终走在新疆前列。抓住国家优质产能释放的"机会窗",2018 年成功将矿井产能由 400 万吨核增至 750 万吨,2021 年被国家列为第五批保供矿井,并顺利通过新疆维吾尔自治区 850 万吨增产保供现场核查,成为徐矿集团第一生产大矿、效益大矿,连续 3 年利润突破 10 亿元。

案例二　徐矿集团张双楼煤矿抓实细节 为矿井高质量发展筑牢坚实的安全保障

一、基本情况

张双楼煤矿隶属徐矿集团,坐落于江苏省徐州市沛县安国镇境内。矿井于 1979 年 1 月开工建设,1986 年 12 月投产,井田面积约 37.8 平方公里,目前核定生产能力为 180 万吨/年。主营业务包括原煤开采、选煤、筛选混煤,普通货运,物业管理,技术服务,劳务服务(包括国内外采掘工程承包、煤炭合作开采等)。作为徐矿集团徐州本部唯一生产矿井,担负对外展示形象窗口重任,始终秉承"生命至上、安全第一、智能高效、和谐幸福"的安全发展理念,严格贯彻执行国家、省市及集团公司安全生产决策部署,不断完善管理制度,狠抓过程安全管控,强化主体责任落实,克服矿井地质条件复杂、深部区域冲击地压、高温热害、安全生产战线长等诸多困难,坚持统筹发展与安全,连续实现安全生产 8 周年,创建矿以来最长安全周期、最好安全管控效果。

张双楼煤矿是国家一级安全生产标准化矿井,入选国家能源局、国家煤矿安全监察局首批71家智能化示范建设矿井之一,2021年通过了江苏省组织的智能化示范矿井和冲击地压防治示范矿井验收,"张双楼煤矿74104智能化工作面建设""张双楼煤矿智能管控一体化平台"荣获中国煤炭工业协会"2019—2020年度煤炭行业两化深度融合优秀项目"荣誉称号,"张双楼煤矿74104智能化工作面关键技术实践案例"获评2021年煤炭行业标杆案例,获得省部级科学技术进步奖8项。2020年以来,张双楼煤矿荣获中国煤炭工业协会科学技术奖7项,其中一等奖2项、二等奖1项、三等奖4项;获江苏省煤炭学会科学技术奖12项,其中一等奖2项、二等奖4项、三等奖6项;获徐矿集团科学技术奖9项,其中一等奖2项、二等奖4项、三等奖9项。张双楼煤矿先后获得全国煤炭工业"双十佳"煤矿、全国煤炭系统文明煤矿、煤炭工业两化融合示范煤矿、国家级绿色矿山、中国最美矿山、"十四五"高质量发展科技创新示范单位、江苏省文明单位、江苏省国资委先进基层党组织、江苏省"安全生产月"活动先进单位等荣誉称号。

二、主要做法

(一)安全意识引领

1. 筑牢"红线"意识,规范作业行为

构建全员"责任共担、安全共保、利益共享"的运行长效机制,激发全员齐抓安全的工作积极性、主动性,逐步形成全员关注、全员参与安全生产的良好环境。制定出台《张双楼煤矿"安全红线"管理规定》,明确16条触犯安全红线的行为,进一步提升全矿干部职工安全意识,有效促进按章指挥和遵章操作,全员坚守安全行为底线。实施《逐月递进安全台阶奖励办法》,制定地面600元、井下辅助1 100元、采掘一线1 600元三个基数标准,并完善每月地面单位递增50元、井下辅助递增100元、采掘一线递增150元增长机制。分轻伤、重伤及以上事故明确考核标准,一旦发生人身伤害事故,分别取消事故单位当月奖励、当月及次月奖励、全矿奖励等,有效引导全矿干部职工进一步算清安全效益账。扎实开展安全承诺,矿长与16家基层单位签订安全生产责任书,各区队与班组(车间)、个人层层签订安全承诺书,进一步明确了目标、责任、措施、考核,结合各单位、班组、岗位实际,制定从主要负责人到一线从业人员的全员安全生产责任制,实现了"一岗一清单",确保安全责任落实到位。

2. 坚持党建引领,发挥政治优势

矿党委坚持党管安全不动摇,聚力筑牢矿井安全发展屏障。强化"人民至上、生命至上"理念,深化落实安全生产专项整治三年行动,紧紧围绕"两个根本",坚决做到"两个不放松",矿井连续八年实现安全年。坚持科技保安,高分通过"两个示范"矿井验收,建成全国首批、全省首家智能化示范煤矿。着力构建"意识＋责任＋标准化"安全管理体系,创新制作"双五十条"漫画安全教育读本并在全集团推广,持续抓实"三反一抓"、"两随意"专项整治、岗位操作流程卡、党员安全先锋工程等经验做法,获得国家矿山安全监察局"安全管理有理念、安全管控有经验、基础管理有细节、矿井文化有底蕴、安全成果有实效"的高度评价。严格落实全面从严治党设主体责任,每半年开展一次基层党支部落实党风廉政建设责任制情况检查考核,创新廉洁文化教育形式,以"三融三进三建"新举措再创"三讲五心"教育新成效。强化巡察问题整改,扎实做好巡察整改后半篇文章,在集团公司党委第一批13家单位党组织巡察整改质效综合考评中排名第一,综合评估得分100分,整改成效等次为"好"。

3. 开展主题活动,提高安全意识

坚持以开展各类安全活动为载体,以落实活动效果为抓手、以实现活动目标为方向,切实提升安全工作的落实力和执行力,确保各项工作取得实在成效。"两随意"专项整治、安全生产大讨论大反思、"安全生产月"、"百日安全"等安全主题活动,均达到预期效果。强化事故案例警示教育,通过微信公众号、周四安全活动,组织全体职工观看国家矿山安全监察局下发的典型事故案例,梳理全国典型煤矿事故案例,每月组织开展典型违章公开追查现身说法,设立违章人员曝光台,通过谈经过、谈认识、谈感受,以案为鉴、以案促改、以案为戒,全员安全意识得到进一步提高。强化安全宣传教育,利用多种形式、不同时段组织开展"落实安全责任,推动安全发展"主题安全教育以及安全生产法、矿山安全宣讲教育等宣教活动,组织副总师及以上矿领导深入包保区队开展安全宣讲,真正实现安全生产思想入脑入心。

(二)落实安全责任

1. 执行"三项"巡查工作机制,压实现场管理责任

建立"空降式""蹲守式""折返式"三项巡查机制,并按规定配足安全管理人员,成立专职安全督察队伍,确保实现全矿各主系统及采掘头面的安全督察全覆盖。"空降式"即2人及以上为1组,1人看守防止进入工作面后,后勤(零活)人员打电话通知,1人快速进入工作面现场,真实反映现场施工状况;"蹲守式"多用于巡查单项(零活)工程关键,对施工重要环节突击检查;"折返式"多用于

巡查到达施工现场后,发现有违章作业倾向,离开作业地点后再次进入。三项巡查机制建立以来,有效打击了部分违章作业人员的侥幸心理,重拳打击了干部违章指挥、职工冒险作业行为,有效提高了现场作业安全系数。

2. 控风险除隐患,不断巩固双重预防体系

认真落实"把风险管控挺在隐患前、把隐患排查治理挺在事故前"举措,狠抓"风险预控、隐患排查"双重预防机制,提高现场安全管控能力。严格落实以年度安全风险辨识评估为基础、以专项辨识评估为补充的安全风险分级管控要求,强化年度安全风险辨识评估报告和重大风险管控方案的贯彻学习、考试以及现场公示提醒,做到全员掌握到位、现场公示到位,区队自主管控、部室专业查、矿领导动态查,确保各级风险管控措施均得到有效落实。严格落实由矿长牵头月度排查、分管专业矿领导旬排查、区队日排查、班组岗位随时排查的"四级"隐患排查机制,每月制定排查方案,对排查确认的事故隐患分类定级,明确治理责任、治理措施、资金和时限。各系统、各专业排查出的隐患,均按要求逐条销号管理,闭环率达到100%。强化双控信息平台建设,利用信息化手段对两个体系运行情况实施动态、精准监管,促进安全风险分级管控和隐患排查治理工作更加规范、健全,责任、措施更加精准、有效。

3. 盯现场严管理,不断提升安全管控能力

从严落实《张双楼煤矿严重"三违"零容忍实施办法》,提高"三违"治理质量和效果,持续保持反"三违"高压态势,促进安全生产形势稳定发展。强化安监人员监督管理,加大安监人员业务培训,重点学习作业规程、技术措施、张双楼煤矿"安全红线"管理规定、员工不规范行为界定标准、安全生产标准化管理体系和重大事故隐患判定标准等规定制度,通过考试、综合表现评定打分,并严格执行末位淘汰制度,持续提升现场安全履职及督察质量。深入现场铁腕治理"三违",坚持督察队员每天井下各头面全覆盖、全天候、无间断式安全监管,加大督察大队"折返式、蹲守式、空降式"突击检查力度,加强周末、交接班时段督察频次,对查处各类违章行为,从严、从快、从重处理,提升威慑力,瓦解违章作业人员心里。充分发挥智能入井、智能抓拍系统作用,煤矿井口安全检查实现无人自动检测、自动报警、虹膜识别、酒精检测等功能,在运输斜巷、井下车场、皮带机道等地点安装监控摄像仪,实现区域越界自拍等功能,提升现场安全实时监管的技防水平。抓实单项(零活)工程施工管理,严格执行《单项工程管理制度》,强化对非常规作业的排查、发布、布置、上报和管控,严格按制度要求组织现场全过程盯防,安全风险得到有效控制。强化区队安全自主管理,在全矿范围推广《班组隐患收购实施办法》,明确"谁制造隐患,谁负责买单;谁整改隐患,谁就能够收益",增强职工安全自主管理能力,规范自我安全行为;加强《井

口隐患信息管理规定》落实，每周组织对登记情况专项检查，促进各区队安全自主管理水平得到进一步提升。

4. 突出品牌建设，严控下井作业人数

把争创"明星班组"作为巩固"五型"班组创建成效和班组素质提升的具体抓手和有效载体，打造煤矿特色的班组文化，实施五项荣誉激励，每月在全矿评选表彰1～5个"明星班组"，并给予五项荣誉激励，激发班组创新、争先活力。近年来，在机械化换人、自动化减人、智能化少人、固定场所无人、流动岗合并人、一优三减降人、管理上控人等方面进行了探索与尝试，先后出台了《张双楼煤矿劳动定员管理规定（试行）》（张煤矿〔2021〕79号）、《张双楼煤矿干部值班、带班及下井管理规定》等文件，创新实行错时生产模式，研究制定《错时生产方案》。2015年年末，全矿在册5262人，井下单班作业人数837人，交接班期间井下人数最高978人；2019年年末，全矿在册4111人，井下单班作业人数720人，交接班期间井下人数最高875人；2021年末，全矿在册3841人，井下单班作业人数493人，交接班期间井下人数最高690人；2022年年末，全矿在册3777人，井下单班作业人数485人，交接班期间井下人数最高590人。

（三）强化安全标准

1. 强基础提标准，提升安全生产标准化管理水平

以安全生产标准化动态达一级为目标，每季度制定标准化创建达标规划，各专业分线牵头实施创建，每旬各专业依据《煤矿安全生产标准化管理体系基本要求及评分办法》《集团公司安全生产标准化11条》联合检查验收，每月考核兑现。以现场会、观摩会、推进会为举措，矿领导分线主持召开现场会、观摩会、推进会，每旬由分管副总师牵头，根据标准化检查问题，召开持续改进分析会议，深刻剖析问题产生的根源，形成分析报告，推进矿井整体标准化创建水平得到新提升，连续多年保持动态达一级水平。各专业针对上级检查出的问题及时汇总归纳，及时补充完善各项管理制度和软硬件资料，进一步推进矿井安全生产标准化管理体系建设。

2. 创新安全管理工作机制，促进矿井强基固本

根据《安全生产法》《煤矿安全规程》等国家安全管理法律法规要求，制作运用行业首创的职工岗位流程卡，对机关管理岗位工作规范以及基层单位区队长、技术员、班组长、职工等153个专业工种和19个通用工种的工作流程进行分析梳理，制作了通俗易懂、实用、具有较强针对性的作业流程卡片，包含各岗位、工种施工工序、安全注意事项，要求职工上岗、入井时必须随身携带，并认真学习掌握，做到按标准规范操作。矿职能部门不定期到井口、井下、车间、班组现场抽查提问,检验职工对安全注意事项与工作流程标准学习和掌握情况,促使职工规范意识、规矩意识入脑入心。通过推行"岗位流程卡"管理,职工现场操作进一步规范,管理人员现场履职质量进一步提升,"两随意"行为得到有效遏制。创新实施班前人员身体状况排查与工前现场安全隐患的"双排查"安全管理制度,由工区设专人负责,班前会上从职工身体、家庭、情绪等8个方面认定,排查确认安全不放心人员,圈出安全管控重点人员,区队制定不安排单独岗位、班组长同组作业或休班调整等安全包保措施,并将人员名单及措施报安全管理部门,安全管理部门将名单交由头面瓦安员实施互保,督察队员、专业组安全检查人员落实现场安全包保、互保联保措施执行情况,发生事故连带该头面安全管理人员考核,保障了安全生产工作有序开展;由瓦安员、班组长、安全质量管理员带领当班职工排查现场安全隐患,将隐患分类定级、消除,制定切实可行的措施,全员签字确认,确保人人知晓现场安全风险点,职能部室重点督察隐患排查开展情况,现场安全系数进一步提高,安全效果得到保障。

3. 提高各级人员安全素养,人才强企提供智力支持

按照《煤矿安全生产标准化管理体系基本要求及评分方法》《煤矿安全培训规定》的要求,扎实开展从业人员培复训工作,超额完成全年培训计划,培训合格率高于95%要求,全员持证上岗率达100%。坚持"三才"工作法,用好集团人才基地建设扶持政策,依托"1552"人才培养计划,"墩苗"与"压担"并重,注重培养管理型、技术型、技能型"三支队伍",近五年累计提拔中层领导干部8人、矿副总工程师5人、正科级53人、副科级128人、技术主管70人,培养中级工512人、高级工279人、技师81人、高级技师11人,人才结构得到进一步优化,一大批35岁以下优秀年轻干部脱颖而出,涌现出江苏工匠吴建群等一批高技能人才典型。

4. 深化专项治理,保障矿井持续安全健康稳定发展

根据国家矿山安全监察局、江苏煤矿安全监察等煤矿安全生产大排查通知及要求,每月扎实开展安全大排查活动,形成自查自改报告和隐患清单,排查问题全部整改完成。持续加大专项检查力度。根据上级、集团公司指示精神,全国事故案例及矿井当前安全形势、安全重点,开展火工品、采空区密闭墙气体、"一通三防"、机电运输、"雨季三防"、危品、顶板、架空乘人装置、平板车连接装置、单体支护等专项整治检查,查处问题均已按照"五落实"要求整改完成。强化应急管理。根据国家最新法律法规及行业标准要求,对《张双楼煤矿生产安全事故应急预案》(2020版)进行了修订,修订完成后,重新编制应急预案演练三年规划和2021年度应急演练计划,应急救援能力得到进一步提升。加强"四新"应用安全风险辨识。完成智能工作面限员系统、单柱式超前支护支架、自动

化风门等新设备安全风险辨识,有效避免新设备使用带来的安全风险。强化职业卫生健康管理,组织开展了职业病防治法宣传活动,完成井上下各场所职业病危害因素检测,完成健康监护 3 170 人,接触职业病危害因素人员体检率达到 100%,完成劳防用品采购、发放,保障了职工在各种作业环境中的安全健康。

三、整治效果

(一)安全生产形势持续稳定,实现长周期安全生产

2016 年以来,安全事故率、"三违"人数均逐年下降,特别是 2020 年安全事故率同比下降达 50%。2022 年,矿井实现"零死亡""零超限""零突出""零透水""零自燃""零冲击"的"六零"目标,建成了全国首批智能化建设示范矿井。

(二)安全生产标准化管理体系持续动态达标

2018 年 12 月,顺利通过国家一级安全生产标准化矿井现场考核验收;2021 年 6 月,江苏省发改委(能源局)标准化管理体系动态达标抽查矿井以 92.062 分高分通过验收,集团公司季度标准化验收均达一级。

(三)各项创新安全管理制度荣获上级认可

岗位流程卡获得了国务院督导组的高度肯定,被定为全国煤炭行业 60 个推广的管理方法之一,相继被国务院国资委、江苏省国资委、江苏新时空报道,徐州市应急管理局专门下发文件要求在全市非煤矿山企业推广。创新实施的"双排查"制度,已作为全国煤炭行业 20 个推广的管理制度进行了推广。

四、经验总结

徐矿集团张双楼煤矿以高度的政治责任感,统筹推进安全管理、生产经营、绿色转型发展、智能化建设、冲击地压重大灾害治理等重点工作,在"平安、智慧、创新、绿色、人文、美丽"矿山建设中取得了丰硕成果。矿井实现连续安全生产八周年,顺利通过安全生产标准化管理体系国家一级煤矿复验、国家智能化示范建设煤矿验收、全国绿色矿山实地抽查,打造出煤炭行业安全、绿色、智能、高效示范矿井,获评"中国煤炭工业特级安全高效矿井""中国煤炭工业先进煤矿"等荣誉称号。

(一)强基固本,安全形势持续稳定

深化"意识＋责任＋标准化"安全管理体系建设,编印制作的"两随意"安全漫画教育读本在全集团印刷发放,持续推进安全生产专项整治三年行动,创新五级"巷长制"管理模式和"双清单、五落实、一确认"安全隐患治理体系,《创新

机制　抓实细节　为矿井高质量发展筑牢坚实的安全保障》荣获省国资委安全生产专项整治三年行动典型案例一等奖,以 91.54 分顺利通过了国家安全生产标准化管理体系一级煤矿验收。

（二）绿色发展,低碳转型稳步推进

智能储煤棚、全封闭土产料大棚相继建成投入使用,高盐矿井水深度提标改造项目正式启动,因地制宜布局发展新能源光伏产业,项目规划建设面积 7.4 万平方米,总容量 5.8 兆瓦,年发电量 650 万度。一期智能逐日跟踪式光伏项目已于 2022 年 6 月 14 日投入发电,累计发电量超过 34 万度;二期停车场光伏项目、东风井光伏项目正有序推进中,顺利通过江苏省 2022 年度全国绿色矿山实地抽查。

（三）精益管理,生产组织智能高效

强势推进错时生产模式,细化井下现场交接班管理,严控大班次人员,减人提效经验在全集团推广学习。巩固提升矿井智能化建设水平,不断加大装备投入,制定并下发《巩固提升智能化示范矿井建设方案》,排定 43 项智能化建设项目,持续推进智能采煤、智能掘进、智能通风、智能辅助运输及智慧园区等建设,超前支架、单轨吊、智能掘进机、智慧食堂等先进设备陆续投入使用,实现安全生产提质增效、减人增安。

（四）提质增效,经济效益再创佳绩

深化关键经营指标管控,构建"服务生产、辅助决策"立体对标分析模型,完善全面预算管理体制。以集团公司下达的指标为基准,结合矿井生产经营实际,制定并下发《预算指标分解及考核办法》,建立"六全"预算管控模式。持续推进法治国企建设,案例《构建"三大体系"　践行"四项原则"　用法治合规引领企业高质量发展新航程》被江苏省国资委评为省属企业法治建设优秀案例。认真开展对标世界一流管理提升行动,推动企业管理提档升级、合规合法,各项工作走在徐矿集团前列,案例《张双楼煤矿采煤塌陷地煤矸石充填复垦技术》入选 2022 年煤炭行业标杆案例。

（五）创新驱动,科技兴矿作用凸显

积极搭建科研创新平台,提升自主创新能力,着力解决现场管理中存在的技术难题,形成一大批科技创新成果。"衰老矿区松散含水层下残煤资源回收上限关键技术与应用""厚表土立井井壁环境因素耦合作用破裂机理及综合治理技术研究与应用"两项研究成果获评"中国好技术"。"煤矿冲击地压防治智能化研究与应用"获评中国煤炭工业科学技术进步一等奖,科技创新结出累累硕果。

（六）以人为本，企业发展人和气顺

坚持发展成果与职工共享，建成智慧食堂，持续优化就餐环境，在两个副井间运行地面人行车，配备雨伞，确保雨雪天气职工上下井不再经受风吹雨淋，组织全员健康体检，为全员配备防滑拖鞋和保温水壶，实施矿井地面美化亮化工程，建成可容纳近千辆汽车的停车场，兴建矿门口花园，完成工业广场绿化种植，美丽矿山面貌得到了显著提升。

案例三　江苏矿业集团"三强化、六夯实、五坚持"推动安全管理体系落实

一、基本情况

（一）公司发展基本情况

江苏省矿业工程集团有限公司（简称"江苏矿业集团"）隶属徐矿集团，是江苏省唯一一家集地质勘探、矿井建设、矿山开采、技术研发以及工业技术服务于一体的国有综合性矿业工程集团。2007年，企业综合施工能力位列全国施工企业第17位，企业年施工产值超过15亿元。被中国工程建设信用管理委员会等多家资信评估机构和金融机构评为资信AAA等级企业，具有中国国内矿山工程施工总承包一级、机电安装工程总承包一级、爆破作业一级资质，矿山施工产业链条完备，企业功能健全科学，专业间相互依托、相互补充。自成立以来，凭着雄厚的资金、先进的技术装备、门类齐全的专业优势，承担了徐州矿区的全部矿建、土建、安装、勘探、通信等工程的施工，先后承建了上海、南京、安徽、福建、河北、山东、山西、新疆、贵州等省市的各类工程，同时参加了孟加拉国、老挝、印度、马来西亚等国家的工程建设，多次创全国或省记录，数十项工程被评为部、省、市级优质工程，连续多年被评为重合同守信用企业。近年来，积极与华能集团、保利集团等大型央企合作，承建并承包生产了年产量120万吨的陕西铜川煤矿、山西铁新煤矿，形成了矿井一、二、三期综合总承包的独特竞争力。现有职工6 000余人，其中，高级职称51人、中级职称217人、博士、硕士共19人、国家一级注册建造师35人、国家二级注册建造师38人，采矿、机电、地质、通风和安全管理等各类专业技术人员742名，中级以上产业技术工人比例占一线工人的60％以上。

（二）安全生产管理实践

近年来，江苏矿业集团深入贯彻"意识＋责任＋标准化"安全管理体系，认真落实新形势下关于加强安全班组建设的有关要求，制定并下发《江苏矿业集团"安全班组建设年"活动推进方案》，以一系列新举措新办法，进一步提升班组安全自主管理水平，全力以赴推动"五型"班组建设提档升级，进一步完善班组管理基础资料，确保作业规范和工程质量达标，及时、规范、齐全填写各类检修、观测、记录台账，健全完善岗位标准化作业流程，规范和加强高风险作业管理，推动全员上标准岗、干标准活，加强作业现场精细化管理，切实筑牢企业"五个高质量"发展根基。

1. 指导思想

深入贯彻习近平总书记关于安全生产的重要论述，紧紧围绕建设世界一流企业的目标，以"意识＋责任＋标准化"安全管理体系为统领，深化安全班组建设，不断增强班组职工现场自主管理能力，促进班组安全工作持续改进，进一步提高班组的凝聚力和战斗力，为高质量完成全年各项目标任务、深入推进绿色转型、奋力开创高质量发展崭新局面提供坚实保障。

2. 工作目标

力争实现班组现场安全管控力进一步提升，班组基础管理水平进一步提升，班组现场执行力进一步提升，班组生产组织力进一步提升，班组安全文化引领力进一步提升。

3. 工作措施

一是强化班组建设组织管理。成立班组安全建设领导小组和管理办公室，负责班组安全建设的领导、组织、协调等工作。各单位、托管矿井（项目部）由主要负责人负责，成立班组建设领导小组，负责本单位班组安全建设工作的具体展开，同时各单位明确一名联络员，负责相关工作的沟通协调，联络员名单上报公司安全班组建设管理办公室。

二是强化班组工作活动制度。建立班组安全网络管理体系，以职工"互保、联保自保"为主要内容，按照同一施工区域或相近区域、同一单位或同一工种将职工划分成若干个单元，开展一系列提高职工安全素质和企业安全管理水平的安全活动，建立和完善考核机制。各单位根据生产实际，完善班组定员标准，确保班组基本配置，班组设正、副班组长，健全班组长选聘、使用、培养、考核、激励机制。高质量开好班前、班后会，明确当班任务、安全风险、安全措施、职工状况，合理安排工作任务。严格执行班前安全"双排查"制度，细致排查不放心的人、不放心的设备、不放心的环境、不放心的工艺，坚决杜绝"带病"上岗，风险隐患不消除不得作业，落实好互联互保等措施。组织班组开展安全风险排查、辨识、评估工作，对排查出的风险点分级分类建立安全风险台账，制订风险告知卡和风险公示牌，标明岗位名称、危险危害因素、主要事故类别、风险等级、预防及应急措施、报告方式等内容，悬挂在作业场所和工作岗位醒目位置。同时，将安全风险排查防控职责分解到班组的每一个作业岗位、每一名作业人员，将安全风险排查防控措施落实到班组的每一个环节、每一个部位。按照行业技术标准和安全规程要求，结合现场生产工艺，在危险源辨识、风险评估的基础上，制定各班组、各岗位、各工种的安全生产工作程序、工作标准和岗位安全技术操作规程，以及严格禁止的行为和异常情况下紧急处置的方法步骤，为职工提供生产作业过程中必须遵循的操作程序和行为规范，实行风险超前预控，有效防范化解安全风险。严格现场岗位交接班制度，按照"五清"（看清、讲清、问清、查清、点清）和"两交接"（岗位交接和记录交接）的现场交接要求，强化现场工作情况以及隐患的交接，确保隐患治理闭环。班组建立事故隐患排查登记表、事故隐患整改通知单和事故隐患排查治理台账，如实记录事故隐患排查治理情况，做到闭环管理、台账健全。同时，班组每月对事故隐患排查治理情况进行统计、分析，定期或适时向上级报送隐患排查治理情况，切实加强隐患排查整治信息管理。

三是强化班组安全素质教育。以班组为单位，组织职工深入学习习近平总书记关于安全生产重要论述和重要指示批示精神，认真贯彻落实党中央、国务院安全生产重大决策部署和省市安全生产工作安排，牢固树立安全发展理念，做到思想上引领、行动上指南、实践上遵循。各单位将安全生产政策文件及时下发各单位，各单位第一时间将相关文件批阅送达到班组，班组依托班前会、班组会、岗位教育培训、工作 QQ 群、工作微信群等载体和平台，通过个人自学、全员共学、分享互学、班组长领学等形式，认真学习安全生产相关政策规定和文件精神，真正把学习成果落实到班组安全生产的全过程、各环节。将相关安全生产法律法规、安全生产规章制度、岗位安全操作规程、应急预案等规定规程编印成册，发给每个职工。按照"学以致用、致知于行"的原则，常态化组织职工开展学习研讨，积极开展岗位练兵、技能比武、技术革新等活动，从认知和操作两个层面，双管齐下、同向发力，切实强化企业职工个体安全素质，推动整体提升。依法依规加强班组安全教育培训，根据班组工作特点，制定有针对性的安全教育培训计划，定期组织开展高质量的教育培训，确保职工做到熟知必备的安全生产知识、熟知基本的安全生产规章制度、熟知岗位安全操作规程、熟知事故应急处理措施、熟知自身安全生产权利和义务。对新进职工、从业人员按照国家规定时限进行岗位安全操作规程、操作技能和事故防范与应急救援措施等安全生产培训,未经安全培训合格的人员不得上岗。职工转岗、换岗、复岗前必须组织开展安全教育培训,采用新工艺、新技术、新材料或使用新设备,必须对从业人员进行专门的安全生产教育和培训。同时,对在岗人员定期组织安全生产再教育培训活动。

四是强化班组不规范行为治理。深入开展"职工安全行为习惯 21 天养成"活动,发挥好"岗位流程卡"作用,强化职工现场规范化作业。深化无"三违"、无隐患、无事故班组创建,完善班组评估制度,强化不安全行为量化考核。加强班组群众监督,每个班至少配备 1 名群众安全监督员,开展内部安全监督。

五是强化班组标准化管理创建。进一步完善班组管理基础资料,确保作业规范和工程质量达标,及时、规范、齐全填写各类检修、观测、记录台账。健全完善岗位标准化作业流程,规范和加强高风险作业管理,推动全员上标准岗、干标准活。加强作业现场精细化管理,确保安全监测监控系统安全避险系统等安全有效,各类材料、工器具摆放整齐有序,实现安全生产标准动态达标,创建精品工程。

4. 检查督导

每月不定期组织班组安全建设办公室成员深入区队(项目部)进行一次抽查,抽查结果纳入季度考核指标范围。每月组织一次班组安全建设检查,参照附件进行考核评比,每年对各单位班组进行排名、存档。班组安全建设领导小组每季度召开一次活动小结会,对活动的各项措施落实推进情况进行梳理,推广好的经验和做法,对活动开展不力的单位和个人提出整改要求和考核建议。公司每季度对各托管矿井、分(子)公司进行一次检查评比,并对各单位的考核评比结果进行抽查和综合评比,作为公司年度评先和集团公司先进推荐的基础资料和重要依据。

二、主要做法

(一)以"三强化"提升全员安全意识

(1)强化政治引领,提升政治意识。各级干部职工切实扛起政治责任,持续开展"党旗飘在一线、堡垒筑在一线、党员冲在一线"活动,机关党员组织"专人值班队""志愿服务队",基层单位和项目部结合重点工作组建"党员突击队",在加强"打非治违"和保障安全生产上当先锋、做表率。

(2)强化思想教育,提升思维意识。与中国矿业大学合作开发"e"课堂微信小程序,内容涵盖党史教育、煤矿文化、安全知识、专业知识、事故案例、各级文件精神等,组织全体职工学习,定期开展月度测试检测学习效果,不定期组织抽考,并制定考核细则,对学习分数前20名奖励,分数后20名考核。

(3) 强化作风建设,提升行动意识。传承百年徐矿红色基因,固化党史学习教育成果,公司党委班子成员、机关部门负责人、基层单位党政主管,每人以"大讲堂"形式积极组织开展"爱我矿业 奋斗有我"解放思想大讨论活动,同时开展"爱我矿业、我有话说"意见、建议征集活动,全面深化作风融合,抓好基层一线"走访转"调研,及时将难题化解在基层,服务在一线,切实增强干部职工使命担当和干事创业能力。

(二)以"六夯实"压实全员安全责任

(1) 夯实制度建设,合法组织生产。开展制度建设改革,实行制度"废改立",大力整章建制,制定并下发《江苏省矿业工程集团有限公司安全监察垂直管理制度》《江苏省矿业工程集团有限公司安全生产红线管理规定》等6个安全管理文件;修订并下发《江苏矿业集团安全管理规定》《江苏矿业集团安全生产责任追究办法》《管理人员安全履职考核办法》等19个管理制度性文件,强化按章办事规矩意识。

(2) 夯实现场监督,防范重大风险。自2021年10月起制定实行派驻专职安全员制度,根据项目部数量及实际情况设置9名派驻专职安全员,代表公司对工程项目履行安全生产监督管理职责。制定"公司—分公司(托管矿井)—项目部(区队)"的三级垂直管理体系,组建公司安全垂直管理微信群,整理汇总所有安全管理人员信息、联系方式。严格执行垂直管理体系,做到有检查、有整改、有考核、有上报,避免了欺上瞒下的安全管理弊端。

(3) 夯实现场管理,实现自主管理。建立全员安全生产责任制,积极开展在建施工项目安全整治专项行动,严格落实领导现场跟值班制度,做到底数清、责任实、措施硬。深入开展学法规、抓落实、强管理活动,深化安全生产教育,认真学习《煤矿安全规程》,开展对标检查、反思整改活动,完善相关管理制度和预防措施,筑牢安全生产防线。

(4) 夯实隐患治理,现场管控到位。坚持"拉网式"隐患排查不间断,按照"三查、三严、六到位"检查要求,每月坚持至少一次安全专项检查,在托管矿井和项目部设立专职安全联络员,对各类问题严格按照"三定五落实"进行整改,夯实安全基础。

(5) 夯实主体责任,做好统筹兼顾。结合公司生产经营、服务外包等特点,严格落实"一岗双责",与基层各单位、项目部签订经营、党建和安全生产目标责任书,细化分解安全目标,压实工期任务。常态化开展班子成员驻点包保,动态监管在建项目施工进度,现场帮助解决项目部和托管矿井生产难题。

（6）夯实人事改革，增进干事创业激情。公司全面推行干部竞（选）聘上岗，基层单位主要负责人和机关部室正职通过笔试、面试、测评等方式竞聘上岗，副职由本部门正职选聘，并共同选聘本部室工作人员，磨炼了干部意志，激发了干部斗志，增强了干部信心，起到了很好的示范作用，为深入推进后续责任落实工作奠定了良好基础。

（三）以"五坚持"健全安全生产标准体系

（1）坚持规范工程质量施工标准。每项工程从风险评估、设计、工艺、工序、施工、验收标准逐项制定标准，组织矿建分公司制定立井施工标准、安装分公司制定机电安装施工标准、项目经营分公司制定爆破施工标准，建立验收考核制度，专人负责考核验收，确保每项工程都能按标准施工。

（2）坚持规范技术管理标准。从项目设计到每个单项工程的施工措施，制定立项、现场会、编写、会审、修改、审批、传达交底、现场执行等相关程序标准，实现谁签字谁负责，施工全过程负责。

（3）坚持规范职工操作标准。开展岗位描述活动，通过岗位描述、手指口述、风险隐患双确认，运用心想、眼看、手指、口述、检查、确认等一系列行为，对工作过程中的每一道工序进行确认，严格规范人的行为，提高正规操作的注意力，避免操作失误，实现"人"的注意力和"物"的可靠性高度统一，全面消除隐患、避免违章、消除事故，确保安全生产。

（4）坚持开展科技创新。坚持科技兴企、科技保安，把科技创新作为保障安全生产的基础性工作重点推进，依靠科技进步提高矿井灾害治理能力，努力提高安全科技创新能力和本质安全水平，不断提高公司在矿井托管、矿山建设领域的核心竞争力。

（5）坚持开展论文征集与评比活动。通过科技论文撰写提高技术人员学术水平，助力实现技术人员职称晋升，切实提升行业技术人员自主创新能力。组织参加煤炭工业协会组织的"煤矿总工程师论坛专题"学术论文征集活动，累计征集论文 14 篇，常态化组织开展年度科技论文征集活动，先后共征获奖论文 24 篇，被集团公司评为"优秀组织单位"。

三、取得成效

自开展"意识＋责任＋标准化"安全管理体系创建以来，实现了安全生产，各项安全管理考核指标显著下降，职工安全意识明显提高，"三违"治理人数逐月下降，安全管理水平上了一个新台阶，为江苏矿业集团的安全生产和高质量发展奠定了坚实基础。

（一）安全生产管理体系不断夯实

深化"意识＋责任＋标准化"安全管理体系，健全全员安全生产责任制，实行"公司—分公司(托管矿井)—项目部(区队)"三级垂直管理，推行"线上＋线下"综合考察模式，有效提高现场安全管理水平。编发《强化特殊工程施工安全管控的特别规定》，明确特殊工程具体施工内容和安全管理相关要求，确保特殊工程施工全阶段安全。一方面，完善了安全监察考核，严格落实领导值班带班制度，要求主要领导在岗在位，安全生产线领导不得同时休假，值班带班领导深入重要地点、关键环节进行严格管控，倒逼安全管理责任进一步压实。另一方面，围绕集团公司巡察反馈问题，结合国企改革三年行动方案落实、三个专项整治、制度建设、审计问题整改等重点工作，由纪委牵头成立督导组，抽调人员成立专班，建立周调度、月总结汇报、月检查考核评估的常态化督导督办工作机制，强力监督推动巡察问题整改和党委重大决策部署落地。全面梳理排查现行制度，统筹协调推动制度"废改立"，共修订完善安全生产、风险防控、党的建设等权力运行和管理制度等93项，着眼构建以制度管人管事的企业治理体系，着力把制度建起来、规矩立起来，保障公司整体守法合规健康运营。领导干部深入基层单位一线，开展扭亏脱困专题调研，通过查阅资料、听取汇报、实地检查、现场测评等方式，抓住切入点、把握着重点，精准把脉问诊，摸清家底病根，多次召开专题会议进行研判分析破解难题办法，形成问题清单由纪委牵头推进整改。

（二）全员安全生产管理意识不断加强

江苏矿业集团党委牢固树立安全第一思想，把安全摆在高于一切、重于一切、先于一切的位置，针对年度安全生产工作每年召开会议专题分析研讨，系统制定举措。常态化开展"每日一题、每周一案、每月一考"学习活动，生产副矿长(副经理)组织上一次安全大课，全面增强干部职工学习安全生产的思想自觉和行动自觉。持续深入学习习近平总书记关于安全生产工作重要论述，专题学习《生命重于泰山——学习习近平总书记关于安全生产重要论述》电视专题片，通过一级抓一级、逐级压茬学的方式，将专题学习向基层各单位、班组、岗位延伸，强化"生命至上"理念，切实把学习成果转化为推动安全发展的工作实效。结合安全生产大检查、"百日安全"攻坚行动，基层单位主要负责人及其他班子成员深入基层区队和生产一线，每月至少开展1次专题宣讲、举办1次专题技术讲座，推动习近平总书记关于安全生产重要论述在基层落地生根。

案例四　华美热电公司开展较大危险源现场管控专项整治确保安全管理成效

一、基本情况

江苏华美热电有限公司(简称"华美热电公司")隶属徐矿集团,现有装机容量 2×350 兆瓦,选用国际领先的 350 兆瓦超临界循环流化床热电联产机组,2016 年 2 月建成投产。2017 年 5 月荣获"中国电力行业优质工程奖",2017 年 12 月荣获"国家优质工程奖",成为国内循环流化床示范电站。运行至今供电标煤耗、厂用电率等生产指标处于国内同类型机组领先水平,电力安全生产形势平稳向好。

因发电生产工艺流程需要,生产辅助物料涉及氢气、柴油和酸碱等化学危险品,设备维检涉及废油、废油桶、活性炭等危险废料,虽然使用量、排放量均较少,但在安全管理上应该与所属行业同标准、同要求。公司作为火力发电企业,对标其所属的危化、危废行业,在管理体系、管理标准上,存在较大差距。同时,公司压力容器、起重机械等特种设备品类复杂、数量巨大,防范生产安全事故、提升安全管理水平的需求进一步凸显。

通过开展较大危险源三年专项整治行动,公司危化品、危险废料的设备设施管理、生产现场管控达到所属行业标准,特种设备管理达到发电行业一流水平。

二、主要做法及成效

公司贯彻习近平总书记"两个不放松"总要求和"务必整出成效"总目标,在"一年小灶"的基础上,结合公司实际制定危险废物等安全专项整治三年行动实施方案和危化品、特种设备安全专项整治三年行动实施方案,每月分析研判风险、开展重点专项整治,结合阶段性工作排查治理隐患,深入、扎实开展提档升级专项整治工作。

(一)强化法规标准落实,构建危废管理体系

1. 汲取经验教训,依法开展工作

公司贯彻落实习近平总书记等中央领导同志的重要指示批示和全国生态环境保护大会精神,深刻汲取响水"3·21"爆炸事故教训,根据《省生态环境厅

关于进一步加强危险废物污染防治工作的实施意见》文件精神,加强危废的管理,排查企业危废贮存、处置情况,并对危废管理提出了高标准的要求,确保危废标志、台账、贮存、运输、处置、手续合法合规。

2. 依法依规完善管理

公司根据《固体废物污染环境防治法》与《国家危险废物名录》对公司危废进行梳理,完善危废品种,进行合法合格处置。根据《排污许可管理条例》的相关要求,变更排污许可证,完善执行标准与危废类别,切实加强公司危险废物管理,防范化解环境风险。

3. 高标准建设危废库

根据《危险废物贮存污染控制标准》《危险废物收集 贮存 运输技术规范》的有关要求,投资约80万元对危废库提标升级建设,增加废气收集装置。同时,根据相关法规要求,对危废库改造办理环评登记表,进行安全设施"三同时"评审工作。

4. 提档升级软件管理

公司在加强硬件与合法合规方面推进的同时,在管理平台方面加强梳理与完善,确保管理平台的各项信息完善,确保平台上的危废转移与处置合法合格与流畅。

(二)对标行业标准,提升危化品综合治理能力

1. 强化组织制度保障

公司成立以总经理为组长,以党委副书记、副总经理为副组长,各部门部长为成员的领导小组,全面负责公司危化品管理、检查以及整改督促工作。公司危化品严格按照国家对危险品分类管理和许可制度的相关规定以及公司危险品管理规定等要求进行采购、运输、储存、领用和使用危化品,明确定期盘点机制,确保账、物相符,做到购买合法、存储合规、领用和使用可追溯。

2. 强化场所安全管控

公司对标行业,在全方位加强无死角视频监控、"四色"安全警示标志、安全技术说明书、规章制度及操作规程和应急处置卡等可视化管理体系建设的基础上,精准抓防控重点,针对性强化管理:一是严格执行"双人领、双人用、双人管、双把锁、双本账"的五双管理制度和危化品储存场所、仓库进入登记机制,全系统设置淋浴设施,配备应急药品、防护用具,提升酸碱库区域安全管理能力。二是严格对照行标"排查指引表"自查自改,实行双门禁系统,严控进入人数,严格执行动作作业管理规定,设置火种箱和静电释放设施,规范设置易燃易爆气体泄漏检测装置、配备铜制工器具,提升制氢站、油泵房安全管理能力。三是严格

执行"三规"，刚性执行"两票三制"，以成熟有效的电力安全管理体系保障安全生产稳定。

3．提升从业人员专业素质

公司高度重视从业人员专业素质提升工作，源头保障安全作业。科学制定培训计划，对危化品从业人员集中进行培训，主要学习危化品的特性、存储、使用、安全等内容，使专业人员熟知危化品法规及标准，了解危化品的危害特性，提高专业人员的技术水平和安全防护意识。定期开展应急演练，提高危化品泄漏、火灾、爆炸和腐蚀等危害的应急处置能力。

（三）注重整治实效，提升特种设备安全运行能力

1．健全安全管理体系

公司及时梳理、汇总国家及行业颁发的特种设备管理法规标准，组织相关人员进行学习，并在日常工作中严格执行。及时更新公司安全管理制度，建立健全特种设备管理制度、管理网络及应急预案等，基本建成行之有效的安全管理体系。

2．切实保障安全投入

公司高度重视特种设备安全投入，只要是特种设备需要的，无论是物资、资金还是人力都能做到无条件给予，确保所有特种设备应检必检，应修必修。

3．强化维护检修管理

坚决做到应修必修，不留隐患。特种设备是具有重大安全风险的设备，公司在日常管理上，明确各级责任，加强巡视和检查，严格执行日、周、月频次检查机制，做到班组、部门、公司三级检查，发现缺陷，不管大小及时处理，不因为费用或不影响安全为由而放任不管。

4．强化运维质量管理

强化检修质量管控，对起重设备和电梯聘用有资质的专业队伍进行维保，按照每半月一次的频次进行检查，并在设备出现问题的第一时间内到厂检修；保证检修设备的质量，公司把采购权和维修权分开，避免劣质备件被使用到现场；把焊接队伍和检测队伍分开，避免弄虚作假的现象发生，确保焊接质量。

5．加强特种人员管理

强化特种设备的操作使用源头治理，人员必须持证上岗。一是管理、技术、安监部门高标准配备安全管理人员，全面配齐叉车等操作人员，自主开展司炉持证培训工作，加强各级人员管理；二是严格审查外来施工人员的持证情况及真实性，保证特种设备作业持证上岗；三是建立随身携带证件机制，在施工过程中随时检查证件，以保证人、证一致和现场作业安全。

三、整治成效

（一）危废专项整治

1. 智慧管理体系初步建成

公司配备便携防爆式危废规范化管理终端设施与危废数据传输设备设施，实现在危废库现场与"危险废物全生命周期监控系统"平台实时危废登记，实现实时标签打印与张贴，实现危废智能化管理。

2. 危废贮存达到行业标准

公司设专人对危废库进行管理，落实《危险废物贮存污染控制标准》《危险废物收集、贮存、运输技术规范》的有关要求，实现危废贮存的各项指标达到安全环保高标准。

（二）危化品治专项整治

1. 管理机制进一步完善

通过专项整治危化品购买、存储和使用等各个环节，进一步建立健全了危化品安全管理制度和"操作票"工作机制，健全了防范措施，有效遏制了危化品事故。

2. 设备设施治理效果显著

通过现场硬件设施的提升改造，进一步完善了危险化学品区域视频监控系统，实现全天实时监控危化品区域功能。增补完善酸碱库区域安全防护用具（防毒面具、防护服、防护面罩），人身安全保障进一步提高。全部更换氢站区域设备（空调、插座、摄像头、灯等）为防爆型，更加有效地提升了氢站区域的安全性。

（三）特种设备专项整治

1. 主要危险源管控有效

锅炉受热面爆管是锅炉的主要危险源，而锅炉磨损是受热面爆管的主要原因。公司建立炉管"防磨防爆"预防机制，牢牢将锅炉炉膛检查抓在手里，组织专业人员进行全面检查，对所有管道进行测厚，发现局部磨损和超标的缺陷及时进行处理，并在台账中进行记录，对磨损的程度及可能的原因进行分析，并做出调整，切实保证锅炉的安全运行。机组运行6年以来没有因为磨损造成爆管和非停。

2. 特种设备基础台账规范完备

系统建立两台锅炉、108台起重设备、109台压力容器、4台电梯和几十条压力管道及近百公里的供热管道等特种设备电子信息台账，所有特种设备的出厂资料，检验资料及维修、检查情况实现"一机一账"，实时更新。

参 考 文 献

[1] 苏宏杰,魏杰,史先锋,等.新发展阶段中国矿山安全法规标准体系研究[J].中国安全生产科学技术,2021,17(12):117-122.

[2] 李润洲.学位论文核心概念界定的偏差与矫正:一种教育学视角[J].学位与研究生教育,2012(6):6-9.

[3] 罗云,程五一.现代安全管理[M].北京:化学工业出版社,2004.

[4] HARMS-RINGDAHL L. Relationships between accident investigations, risk analysis and safety management[J]. Journal of harzardous materials, 2004,111(1/2/3):13-19.

[5] MITCHISON N, PAPADAKIS G A. Safety management systems under Seveso Ⅱ:implementation and assessment[J]. Journal of loss prevention in the process industries,1999,12 (1):43-51.

[6] 袁昌明,王金国,于飞.实用安全管理技术[M].北京:冶金工业出版社,1998.

[7] 陈宝智,王金波.安全管理[M].天津:天津大学出版社,1999.

[8] 曹琦.安全管理模式的基本概念[J].水利电力劳动保护,1994(1):31-32.

[9] 甘心孟,沈斐敏.安全科学技术导论[M].北京:气象出版社,2000.

[10] 吴穹,许开立.安全管理学[M].北京:煤炭工业出版社,2002.

[11] 崔政斌,邱成,徐德蜀.企业安全管理新编[M].北京:化学工业出版社,2004.

[12] RONALD L A. Identifying the elements of successful safety programs:a literature review[R]. Worker's compensation board of British Columbia, 1998.

[13] GILL G K, SHERGILL G S. Perceptions of safety management and safety culture in the aviation industry in New Zealand[J]. Journal of air transport management,2004,10(4):231-237.

［14］刘福仁. 现代农村经济辞典［M］. 沈阳：辽宁人民出版社，1991.

［15］宋国华. 保险大辞典［M］. 沈阳：辽宁人民出版社，1989.

［16］苑茜. 现代劳动关系辞典［M］. 北京：中国劳动社会保障出版社，2000.

［17］梅强. 事故损失预估方法的探讨［J］. 中国安全科学学报，2001（3）：17-20.

［18］FERNÁNDEZ-MUÑIZ B，MONTES-PEÓN J M，VÁZQUEZ-ORDÁS C J. Safety management system：development and validation of a multidimensional scale［J］. Journal of Loss Prevention in the Process Industries，2007，20（1）：52-68.

［19］LI Y L，GULDENMUND F W. Safety management systems：a broad overview of the literature［J］. Safety science，2018，103：94-123.

［20］苗东升. 系统科学精要［M］. 3版. 北京：中国人民大学出版社，2010.

［21］李新娟. 中美煤矿安全管理体制机制的比较研究［D］. 北京：中国矿业大学（北京），2011.

［22］高卓辉. 实施本安体系十大误区的解释［J］. 煤炭工程，2014，46（9）：144-146.

［23］黄培伦，尚航标，王三木，等. 企业能力：静态能力与动态能力理论界定及关系辨析［J］. 科学学与科学技术管理，2008，29（7）：165-169.

［24］POPE R. A simple mathematical approach to pest control by parasites［J］. International Journal of Pest Management：Part A，1965，11（1）：55-64.

［25］HEINRICH H W，PETERSEN D，ROOS N R. Industrial accident prevention：a safety management approach［M］. 5th ed. New York：McGraw-Hill，1980.

［26］刘铁忠，李志祥，王梓薇，等. 企业安全管理能力的概念、内涵与层次［J］. 生产力研究，2007（14）：116-118.

［27］王爽英，吴超. 企业安全能力系统构建及层次分析［J］. 中国安全生产科学技术，2009，5（3）：181-184.

［28］李合军，刘铁忠，李志祥. 煤矿安全管理能力构成要素 SEM 建模研究［J］. 煤矿安全，2011，42（2）：145-149.

［29］何叶荣，孟祥瑞，李慧宗，等. 煤矿企业安全管理能力风险因素结构模型［J］. 中国安全生产科学技术，2015，11（3）：135-140.

［30］郭海东，李慧民，孟海. 基于 ANP-区间数的建筑企业安全管理能力成熟度评价［J］. 中国安全科学学报，2015，25（4）：145-150.

［31］姜韵韵. 炼油企业安全管理能力评价研究［D］. 东营：中国石油大学（华

东),2016.

[32] 王锡秋,席酉民.企业能力缺陷研究[J].财经理论与实践,2002,23(S3):170-174.

[33] 戚安邦,尤荻.基于 DEA 理论的煤矿企业安全管理能力评价模型与方法[J].煤矿安全,2012,43(2):181-184.

[34] 汪伟忠,卢明银,周波,等.基于集对分析的车间安全管理能力评价[J].安全与环境学报,2013,13(3):252-254.

[35] 陈莉,尤庆华,杨伟伟.基于因素关联的航运公司安全管理能力评价方法[J].中国水运(下半月),2014,14(3):54-56.

[36] 张雪娟.非煤矿山企业安全管理水平评价研究[D].北京:首都经济贸易大学,2016.

[37] 乔鹏.建筑企业安全管理能力评价[J].河南财政税务高等专科学校学报,2012,26(2):93-96.

[38] 宫运华,罗云,张来斌.航空公司安全管理诊断理论研究[J].中国安全科学学报,2011(1):10-16.

[39] 胡斌.分析电力企业安全管理能力评估指标体系[J].低碳世界,2016(16):103-104.

[40] 马成琛.化工企业安全管理能力评价方法研究[D].北京:中国地质大学(北京),2015.

[41] 刘小花,席升阳.企业动态能力构成与评价研究[J].现代商贸工业,2011,23(2):35-37.

[42] 甘茂丽.基于物元可拓的民航机务维修部门安全管理能力评价研究[D].天津:中国民航大学,2015.

[43] 高亚光.淮北矿业集团"54321"安全生产体系探析[J].煤炭经济研究,2011,31(2):94-96.

[44] 李毅中.谈谈我国的安全生产问题[N].人民日报,2006-07-18.

[45] 于涛,李传宪,刘丽君,等.基于大数据挖掘的热油管道闭环安全生产体系[J].西安石油大学学报(自然科学版),2021,36(1):85-91.

[46] 梅康生.淮北矿业的安全生产体系[J].企业管理,2011(5):56-57.

[47] 杨中宣,郑慧凡.构筑建筑安全生产体系的对策研究[J].施工技术,2006,35(5):27-29.

[48] 彭利军.新形势下的煤矿采矿安全管理工作[J].当代化工研究,2023(4):194-196.

[49] 周德星,张晨.化工企业安全意识与安全管理措施[J].化工管理,2022

(14):100-103.

[50] 严鹏,蒋艳.浅谈企业安全管理意识常态化[J].云南化工,2021,48(11):154-156.

[51] 姚朝,廖芳宇,胡东林.新能源电力安全管理技术发展趋势思考:评《新能源项目安全成本形成机理及优化方法》[J].安全与环境学报,2022,22(6):3557.

[52] 杨庆华,徐杰,刘巧彦,等.基于煤矿复杂条件下的网络安全管理技术[C]//第30届全国煤矿自动化与信息化学术会议暨第11届中国煤矿信息化与自动化高层论坛论文集.海口,2022:174-180.

[53] 于雷.石油化工企业的消防安全管理技术及应用实践[J].化工管理,2022(35):86-88.

[54] 赵军凯,吴锦涛.工业企业网络安全管理技术:基于大数据分析的工业网络安全管理[J].新型工业化,2021,11(10):164-168.

[55] 祁慧,李泽荃,陈红,等.煤矿安全管理制度遵从行为实证研究[J].煤炭工程,2022,54(7):181-185.

[56] "坠机理论"带给企业安全管理的启示:完备的安全管理制度体系是企业长远安全发展的基本保障[J].中国安全生产科学技术,2021,17(10):2.

[57] 杨璟.青江化工:主动优化 持续改进安全管理制度[J].湖北应急管理,2021(1):54.

[58] 何国家,祁慧,陈红.基于群体行为涌现"敛散"的制度有效性实证研究:以煤矿安全管理制度为例[J].软科学,2021,35(3):136-144.

[59] 吕跃强.安全目标管理在煤矿安全管理中的应用研究[J].当代化工研究,2020(12):171-172.

[60] 时小军.安全目标管理在煤矿安全管理中的应用探究[J].当代化工研究,2021(21):68-70.

[61] 姜丽.安全目标管理在煤矿安全管理中的应用[J].现代工业经济和信息化,2016,6(11):107-108.

[62] 杨蕾,王盼盼.新形势下煤矿采矿安全管理工作[J].内蒙古煤炭经济,2023(3):92-94.

[63] 樊石军.新形势下的煤矿采矿作业中安全管理策略研究[J].中文科技期刊数据库(文摘版)工程技术,2022(1):129-132.

[64] 张安乐.浅析采矿工程中的采矿技术与施工质量安全[J].矿业装备,2023(2):72-73.

[65] 刘金旺.关于煤矿工程采矿技术与施工安全管理研讨[J].中文科技期刊数

据库(文摘版)工程技术,2022(2):106-108.

[66] 严鹏,蒋艳.浅谈企业安全管理意识常态化[J].云南化工,2021,48(11):154-156.

[67] 李泽宇.行为安全管理过程中员工安全意识的建模与分析[D].鞍山:辽宁科技大学,2019.

[68] 李劲龙.浅析石油炼化生产企业中的安全管理意识[J].石化技术,2017,24(7):243.

[69] 冯春艳.从人的安全意识及行为角度谈油库安全管理[J].化工管理,2017(20):252.

[70] 汪苏闽.浅议企业职工安全管理意识的重要性[J].中小企业管理与科技(中旬刊),2017(6):15-16.

[71] 赵旭光.浅析煤矿安全管理与安全意识的关系[J].煤矿安全,2004,35(9):56-57.

[72] 王欣.安全管理中要有超前意识[J].煤矿现代化,2003(6):15.

[73] 和富平,张新国,吴秀强.强化安全意识教育 提升安全管理水平[J].安全,2008(10):37-39.

[74] 孙克,吕向荣,贾继革,等.促安全意识安全管理双提升[N].中国石化报,2007-08-13(1).

[75] 孙宝银.浅谈安全管理的意识及思维[J].电力安全技术,2013,15(10):43-44.

[76] 袁鹏.事故防范意识对旅游安全管理模式创新及实践价值研究:评《旅游安全事故防范与应对》[J].中国安全科学学报,2020,30(10):193.

[77] 胡毓.将安全意识融入职工工作习惯[N].中国船舶报,2010-03-17(1).

[78] 丁继章.风险意识下高中校园安全管理制度建设与实践:评《校园安全事件风险分析》[J].中国安全生产科学技术,2020,16(7):189-190.

[79] 蔺许刚.生产作业流程"六规"在电力企业安全管理的应用[J].电力安全技术,2017,19(9):7-9.

[80] 陈全,侯明鑫.基于风险管理原理的企业安全培训管理系统的构建[J].工业安全与环保,2022,48(5):27-29.

[81] 姜珊,周鸿雁,丘恩华.电力企业安全生产管理培训体系建设的探索与实践:以南方电网调峰调频发电有限公司为例[J].企业改革与管理,2021(16):43-46.

[82] 谢树志.电力企业安全教育培训管理中的问题与改进方法研究[J].中国电力教育,2017(8):32-34.

[83] 刘海苹.安全目标管理在煤矿安全管理中的应用分析[J].煤矿现代化,2023,32(1):86-89.

[84] 滕玮洁,范竹标,郭明.强化安全管理 明确各方责任:安徽马鞍山出台《电梯安全管理暂行办法》[N].中国质量报,2008-04-11(2).

[85] 薛剑虹.明确安全生产责任 强化煤矿安全管理[N].鸡西日报,2005-12-09(1).

[86] 李晓彤.落实安全责任 强化安全管理[J].云南电业,2010(3):10-11.

[87] 李江,张惠芹,陈一兵,等.安全管理责任追究与隐患消除机制的研究[J].实验技术与管理,2022,39(3):238-241.

[88] 夏海云.强化安全管理落实目标责任[J].地质勘探安全,2000,7(1):6-7.

[89] 汪锦章,黄思光.构建以安全责任为主线的安全管理模式[J].中国修船,2003,16(6):10-12.

[90] 安全管理责任到岗,设备管理责任到人:三峡电站:责任体系的创新与实践[J].中国电力企业管理,2013(21):28-29.

[91] 李连祥.新形势下煤矿采矿作业中的安全管理策略研究[J].当代化工研究,2021(14):18-19.

[92] 王雪芹.浅谈煤矿现代化安全管理体系:对霍尔辛赫煤业有限责任公司安全管理的研究[J].中小企业管理与科技(上旬刊),2013(6):260-261.

[93] 敖永桥.非生产现场安全管理应明确责任[J].班组天地,2022(11):65.

[94] 朱爱锋.落实责任 强化管理 推动孝义煤炭工业健康可持续发展[J].山西政报,2012(S1):11.

[95] 李蓓蕾.企业安全标准化管理现状思考[J].品牌与标准化,2021(5):8-9.

[96] 谢广正,朱维熙.企业安全管理标准化初探[J].云南冶金,1989,18(6):4-7.

[97] 吴斯.企业安全生产标准化管理模式探讨[J].桂林航天工业学院学报,2022,27(3):380-382.

[98] 罗晓敏.企业安全管理标准化示范班组创建的探索与实践[J].中小企业管理与科技(中旬刊),2017(12):21-22.

[99] 淮壮根,王永朝,蒋宁,等.钢铁企业安全管理标准化建设实践探索[J].冶金管理,2019(23):125.

[100] 吴启兵.创新班组安全管理标准化建设推动企业安全文化变革[J].班组天地,2019(12):29-30.

[101] 谭琳.企业安全管理标准化的建立与实施[J].中国职业安全卫生管理体系认证,2004(5):43-45.

［102］何阳宇.企业安全生产标准化管理模式的构建［J］.企业科技与发展,2019
　　　(12):227-228.

［103］李胜周.钢铁企业安全管理标准化建设实践研究［J］.城市建设理论研究
　　　(电子版),2016(31):35-36.

［104］白绘春.企业安全管理标准化的操作实施［J］.劳动保护,2010(8):82-83.

［105］WEICK K E. What theory is not,theorizing is［J］. Administive science
　　　quarterly,1995,40(3):385-390.

［106］WHETTEN D A. What constitutes a theoretical contribution? ［J］.
　　　Academy of management review,1989,14(4):490-495.

［107］陈昭全,张志学,WHETTEN D.管理研究中的理论建构［M］//企业与管
　　　理研究的实证方法(第二版).北京:北京大学出版社,2012.

［108］SUTTON R I,STAW B M. What theory is not［J］. Administrative
　　　science quarterly,1995,40(3):371-384.

［109］张志学.组织心理学研究的情境化及多层次理论［J］.心理学报,2010,42
　　　(1):10-21.

［110］宋爱明,张皓,刘邢凯.生态系统理论视角下的农村社会工作:以陕西省山
　　　阳县 LS 村为例［J］.河北青年管理干部学院学报,2021,33(4):58-64.

［111］TEATER B.社会工作理论与方法［M］.余潇,刘艳霞,黄玺,等译.上海:
　　　华东理工大学出版社,2013.

［112］文军.西方社会工作理论［M］.北京:高等教育出版社,2013.

［113］宋丽玉.社会工作理论:处遇模式与案例分析［M］.台北:洪业文化事业有
　　　限公司,2013.

［114］库尔特·勒温.拓扑心理学原理［M］.竺培梁,译,北京:北京大学出版
　　　社,2011.

［115］江迟.基于生态系统理论的中国高校社会工作管理研究［D］.武汉:武汉
　　　大学,2017.

［116］韩进,李平,周海波.企业管理情境下生态系统理论框架与未来研究方向
　　　［J］.管理学报,2022,19(1):139-149.

［117］吴启兵,曾嵘,刘祖德.基于生态系统理论的冶金企业应急救援体系构建
　　　与实践［J］.安全与环境工程,2018,25(6):88-93.

［118］华姝姝.生态系统理论视角下企业社会工作介入劳资冲突的路径研究:以
　　　东莞某零件加工企业为例［J］.中国劳动关系学院学报,2016,30(6):
　　　20-28.

［119］宋春艳.社会生态系统理论框架下我国社会企业发展的困境及对策［J］.

求索,2015(3):24-27.

[120] 乔家霞,顾力刚.基于生态系统理论的企业战略实证分析[J].改革与战略,2008,24(7):37-39.

[121] HEINRICH H W,STONE R W. Industrial accident prevention[J]. Social service review,1931.

[122] 李乃文,冀永红,唐水清,等.矿工反生产行为影响因素系统动力学仿真研究[J].中国安全科学学报,2018,28(6):13-18.

[123] 杨辰飞,陈雪波,孙秋柏.企业员工安全意识影响因素的探索和分析[J].中国安全科学学报,2015,25(1):34-39.

[124] 张关存.建立健全企业安全生产责任制的方法研究[J].中国安全科学学报,2021,31(S1):14-18.

[125] 王飞,李耀,刘轶群.煤矿安全生产标准化管理体系新增要素运行效果分析[J].煤炭工程,2021,53(5):187-192.

[126] 卜素,李青.论安全生产责任制监管模式的困境与重塑[J].中国安全科学学报,2021,31(11):18-25.

[127] RAUFFLET E,BARIN CRUZ L,BRES L. An assessment of corporate social responsibility practices in the mining and oil and gas industries [J]. Journal of cleaner production. 2014,84:256-270.

[128] 刘冲.YD公司集团客户价值评价体系完善研究[D]:北京:北京工业大学,2018.

[129] 魏宏森,曾国屏.系统论:系统科学哲学[M].北京:清华大学出版社,1995.

[130] 朱义长.中国安全生产史(1949—2015)[M].北京:煤炭工业出版社,2017.

[131] 刘峰.中国煤炭科技40年(1978—2018)[M].北京:应急管理出版社,2020.

[132] 王显政.煤炭工业现代化的探索与实践[M].北京:煤炭工业出版社,2010.

后　记

徐矿集团总部坐落于历史文化名城徐州市,地处苏鲁豫皖四省接壤地区,处于东部沿海开放和中西部开发的连接带、长江三角洲与环渤海湾两大经济板块的接合部,具有显著的连贯南北、承东启西的战略区位特征。徐矿集团产业集煤炭、电力、煤化工、战略性矿产资源、新能源、能源服务外包、矿业工程、煤矿装备等于一体,产业分布遍及国内江苏、新疆、陕西、甘肃、内蒙古等10个省区和"一带一路"沿线国家;全集团现有36个子公司、8个分公司、21家参股公司,20家三级公司、15家四级公司,3家直属单位。

"意识＋责任＋标准化"安全管理体系是习近平总书记关于安全生产重要论述精神在徐矿集团的落地生根。2017年以来,徐矿集团统筹安全和发展,坚持"两个至上"理念,系统推进安全管理创新、国企改革和世界一流企业创建,在总结以往安全生产管理经验的基础上,创新实施了"意识＋责任＋标准化"安全管理体系,争当本质安全管理的表率,争做安全先进理念的示范,走在行业安全管理的前列,为高质量建设国际化特大型省属能源集团提供坚实保障。

7年来,徐矿集团贯彻习近平总书记关于安全生产重要论述精神,筑造安全管理新高地。把安全作为最大政治、最大发展、最大民生,摆在高于一切、重于一切、先于一切的突出位置。徐矿集团党委会专题研究涉及安全生产重大事项,把安全管理新体系落实作为领导干部履职的重点事项,把安全生产上的形式主义、官僚主义和失信行为作为政治监督的重大项目,赋予徐矿新时代安全生产新内涵、新特质、新高度。

7 年来，徐矿集团抓牢本安规律，织造安全管理新旗帜。以提升全员安全意识、压实全员安全责任、健全安全标准体系为方向，推进煤矿智能化建设，完善集团公司、区域公司和生产单位三级垂直管理体系，健全素质提升体系，强化大灾害防治、大系统安全、大事故防范，科学研究、精心组织，推进安全生产治理体系现代化。

7 年来，徐矿集团突出意识引领，营造安全管理新氛围。提升安全政治意识、安全思想意识、安全行动意识，坚持职工至上、生命至上，引领广大干部职工从"讲政治"的高度开展安全工作，主动履行安全职责，自主保安，坚决做到"四不伤害"和不安全不生产。定期组织开展安全管理大讨论、事故案例警示教育、典型"三违"公开追查、安全宣誓等活动，充分运用和发挥宣传平台作用，开展形式多样的安全主题宣传，积极营造浓厚安全管理氛围。

7 年来，徐矿集团推动责任落实，打造安全管理新格局。健全"集团统领、单位主体、区队自理、班组自治、岗位自主"的责任体系，完善覆盖从企业主要负责人到一线从业人员的安全生产责任清单，严格执行责任履行、安全投入、安全培训、安全管理、应急救援"五个到位"，建立全员目标考评、安全生产一票否决、党委巡察和执纪问责考核机制，形成"人人有责、人人尽责、失职追责"的格局。

7 年来，徐矿集团严格标准执行，创造安全管理新成效。健全安全管理体系、科技保安体系、素质提升体系，做到"人、机、环、管"等安全生产各要素都有标准可依，使广大职工在标准的安全生产环境中，执行标准的管理、作业流程和操作动作，使用标准的设备、完成标准的施工任务成为新常态。搭建"产学研"合作平台，开展科技攻关和技术创新，大力推进煤矿"四化"建设，致力解决重大灾害和风险难题。

安全生产是一个老生常谈的话题，更是一个永无止境的课题。徐矿集团坚持守正创新，以推进企业治理体系和治理能力现代化为主攻方向，加强安全生产治理体系和治理能力建设，践行安全发展、生态发展、创新发展、高效发展，走出了一条独具特色的安全生产徐矿之路。

示范影响力不断提升。2017 年至今，徐矿集团认真践行"意识＋

责任＋标准化"安全管理体系,以习近平总书记关于安全生产重要论述、重要指示批示精神和上级各项安全工作部署作为安全工作的总指引,以服务江苏能源资源安全为主线,遵章有序开展安全生产工作,集团公司省内企业连续 7 年实现安全生产。徐矿集团搭建"产学研"合作平台,攻克了一批重大灾害和风险难题,科技创新成果显著,孟巴煤矿安全高效开采关键技术创新项目荣获煤炭领域最高奖项——中国煤炭工业协会科学技术特等奖。张双楼煤矿在冲击地压治理方面探索出具有特色的"12567"冲击地压治理体系,冲击地压防治工作走在全国前列。矿井智能化建稳步推进,全集团累计建成 10 个智能化工作面,2 个国家首批智能化示范矿井,4 个国家一级安全生产标准化矿井。

　　创新应用价值不断显现。徐矿集团以张双楼煤矿为试点,努力打造岗位标准化作业流程样板煤矿,从危险预知、安全确认、安全站位、流程作业四方面入手,根据不同工种量身定制、编印涉及采掘机运通等专业的岗位工作流程卡片,浓缩了该岗位注意事项和操作规程。国务院督导组在江苏煤矿开展安全生产专项整治工作期间,高度肯定了徐矿集团张双楼煤矿制作的职工岗位流程卡。该流程卡方法被列入全国煤炭行业 60 个推广的管理方法。开展安全隐患"双排查"活动,做好安全不放心人员和现场隐患的排查治理、超前预控工作,努力消除安全隐患。"双排查"制度作为全国煤炭行业 20 个推广的管理制度进行推广。创新实施了逐月递进安全奖励办法,切实发挥安全就是效益的正向激励作用,激发全员参与保安全的积极性、主动性,着力构建全员责任共担、安全共保、利益共享的安全运行长效机制,推动矿井安全工作提档升级。新疆分公司创新出台"矿井安全生产管理'90 禁'""矿井作业人员站位'90 禁'",进一步抓细抓实现场安全生产,加大现场管控力度,推动安全生产治理体系和治理能力现代化,奠定新疆片区发展高质量的安全基石。

　　安全文化引领不断增强。徐矿集团把安全作为让全体徐矿人都能过上好日子的根本前提和基础保障,围绕意识提升、责任落实、标准健全三个方面致力实现人、物的本质安全,达到安全生产的目的,形成了具有徐矿特色的"意识＋责任＋标准化"安全管理新模式。全力推进产业工人队伍建设改革十条,产改做法在全省、全行业和全国范围内产生广泛影响,获评全国总工会能源化学地质工会产改示范单位。以满眼都是人才的理念选人用人育人,创新实施"三才"工作法和"五匠"行动计划,着力打造人才培养的"蓄水池"和"储备库",形成了爱才聚才兴才惠才的氛围。持续举办好产业工人技能大赛,大力弘扬劳模、劳动、工匠"三种精神"和好人文化,2名职工获评全国劳模。全面深化政治型、安全型、管理型、创效型、和谐型"五型"班组创建,围绕班组安全自主管理、精准管控、能力提升,优化完善班组运行、劳动组织、节点管控流程,规范工作标准,完善作业工序,形成以安全为主体、以规程为依据、以制度为保障、以表单为支撑的班组安全自主管理模式。

立足新起点,奋进新征程。2023年10月,徐矿集团召开第九次党员代表大会,提出构建以煤基产业为核心,以开发利用战略性矿产资源和发展新能源为增长极的"一核两极"新发展格局,锚定"一核两极、千亿徐矿,世界一流、业兴家旺"奋斗目标,加快推进业兴家旺现代化新徐矿建设。展望未来,徐矿集团将深化落实习近平总书记关于安全生产重要论述精神,牢固树立"两个至上"理念,统筹发展与安全,进一步增强核心功能、提升核心竞争力,在推进中国式现代化的国企实践中作出新的更大的贡献!

本书的出版得到了社会各界的关心和支持,尤其得益于冯兴振书记带领的编委会成员的大力支持;编写组成员各司其职、分工协作、合力攻坚。感谢书稿撰写过程中刘全龙、郭杨、秦家沛、吕婷婷、李亚东等同志做的资料整理与校对工作。

最后,由于本书涉及内容多、范围广,难免存在缺漏之处,诚邀学界、实务界同人大力斧正,以裨益于安全管理研究的深化发展。

本书编写组

2024 年 3 月 31 日